加拿大

Alert

Kaujuitoq
(Resolute)

Dawson
Inuvik
Cambridge Bay
**Yukon
Territory**
Echo Bay
Igaluit
(Frobisher Bay)
Whitehorse
**Northwest
Territories**
Nunavut
Newfoundland
Watson
Lake
Yellowknife
Happy Valley-
Goose Bay
Prince
Rupert
Fort
Nelson
Hay
River
Fort Smith
Kangiqcliniq
(Rankin Inlet)
Quebec
Gander
Alberta
Churchill
Chisasibi
(Fort George)
**British
Columbia**
Edmonton
Saskatchewan
Sept-Iles
**Prince
Edward
Island**
St. John's
Vancouver
Saskatoon
Flin Flon
Chibougamau
Sydney
Victoria
Calgary
Manitoba
Moosonee
Fredericton
**Nova
Scotia**
Charlottetown
Regina
Ontario
Quebec
Sherbrooke
Saint
John
Halifax
Winnipeg
Thunder Bay
Sudbury
Montreal
Ottawa
**New
Brunswick**
London
Toronto
Hamilton
Windsor

INDEX

作者序

30 歲出頭的 The Maple Couple 兩夫妻本是一般香港打工仔，男方曾於香港和加拿大兩地生活和留學，而女方為馬來西亞華僑，大學時到香港留學，從而認識了 Mr. Maple Couple。在 2020 年，二人決定到加拿大生活，並有幸建立了接近一萬位支持者的 Facebook Page 和 YouTube 頻道，提供各類型有關加拿大的資訊。

同時，我們成立了超過一萬名會員的網站 www.themaplecouple.com，讓我們的會員能隨時免費瀏覽相關內容。

回想兩年前我們為何開始 The Maple Couple 專頁，是因為網上有大量來自五湖四海的資訊，非常雜亂，內容不一致、並可能極其負面。因此，我們希望能夠建立正面和較準確的內容，協助香港在移民這個重要人生決定上，提供更優質的資訊。

在 2021 年，The Maple Couple 成為了加拿大註冊教育顧問，聯合多間位於各個省份的加拿大公立學校，協助大量學生報讀課程。在過去一年的時間，我們零收費成功協助超過一千五百個香港人在各省份報讀不同類型的課程。同年，我們成立了 The Maple Couple 同學會和康樂會，為同學們注入動力，儘快適應加拿大生活。

除提供教育資訊外，The Maple Couple 還不定期的為讀者提供搵工、生活、理財和安居等資訊，旨在協助希望移民和回流加拿大的朋友，為他們提供一切可行的協助。

在個人生活上，Mrs. Maple Couple 除了協助 Mr. Maple Couple 寫作網站資訊外，還在加拿大有一份全職工作。兩人亦在抵達加拿大一年後誕下了 Mr. Maple Baby，並會不定期的亮相在我們的頻道。歡迎大家密切留意！

能夠接獲出版社的邀請，推出這本有關加拿大升學和生活內容的書籍，實是我們的榮幸。本書內容是結合過去兩年的各個 The Maple Couple 頻道的內容，再加以整理、更新和補充。我們希望本書能真正協助準備到加拿大移民的每一位朋友，並能儘快融入這裡的生活、安居樂業。

加拿大見！

寫在前面

為何選擇移民？

對於很多人來講，離開自己土生土長的地方不是一件容易的事。就好像在香港一切都很方便：交通、行街、食飯、睇戲等，最重要的是這個地方有愛惜自己的家人與及有一班老朋友。

因為不同的原因，很多香港的朋友為了自己、家人或子女的將來，選擇離開自己的 Comfort Zone，去尋找一個新的家園。深信只要到一個新的地方從新開始，一切會變得很美好。似乎只要離開了香港，所有事情都會好順利。

但是，就因為你離開的是 Comfort Zone，你要有心理準備，之後幾年的生活將會和以前有很大的分別。由衣食住行到工作、讀書、交朋友等，都未必能夠完全倚賴以前的經驗。你要學習豁出去，要有心理準備，這是一個 fresh start，不是一個避風港。你要準備放下身為香港人的優越感，學習了解其他人的多元文化、語言、生活習慣等等。

對於不同的朋友，挑戰都是不同。有些朋友認為語言是一個挑戰，有些認為每日需要自己煮飯是一個挑戰，有些認為學駕車、去銀行開戶口都已經是一個挑戰。所以，首先你要問自己，你是否一個願意接受挑戰的人？

同時，你有沒有留意，為何那麼多外國人會選擇在香港生活？是否香港有一些美好的東西，是你不懂得欣賞？其實，香港的高收入、高度經濟發展，與及自由、生活上的方便，都比其他國家勝一籌。

話分兩頭，你可以再問一下自己，外國的簡單、人情味、多元文化、天然美景、舒服的居住環境、輕鬆節奏、較慢的生活，是不是你追求的東西？你不想再處身擠迫的街頭？不想再忍受沉重的生活壓力？如果是的話，恭喜你，你想要的東西，移居外地後只要努力找到適合自己的生活方式，你就會慢慢感受得到。

第一章
為何選擇加拿大？

1.1 點解加拿大 咁歡迎外地移民？

眾所周知，加拿大是一個對外地移民持非常開放態度的國家。所謂事出必有因，想了解這國策因何誕生，筆者推薦一本由 Doug Saunders 所寫的《Maximum Canada Toward a Country of 100 Million》，內裡不但可以找到支持加拿大移民政策的原因，也統計了近年來移民加拿大後，新移民面對的機遇和問題。

DOUG SAUNDERS

MAXIMUM CANADA

TOWARD A COUNTRY OF 100 MILLION

「2031 年：兩個人養一個老人家」

身為全世界面積第二大國家，加拿大人口不足 4 千萬，只約為香港的 6 倍。加拿大一直面對著人口疏落的問題。儘管生育率比一般西方國家為高（每家庭 1.6 個小孩），但仍然追不上穩定人口的所需目標 （每家庭 2.1 個小孩）。

現在，加拿大有 16.1% 的人口為 65 歲以上，每位長者的支出是由 4 個納稅人所維持的。但到了 2031 年，每位長者的支出將減至兩個納稅人所維持。這是一個很嚴重的問題，對於新一代加拿大人來說，是很大的負擔。

到了 2046 年，加拿大將會有 3 百多萬的長者，面對著沉重的社會開支 （退休金、免費醫療、安老院等公共開支），既然本地人的出生率無法維持長遠發展，唯有吸引一些年輕的移民，以他們較佳的生育能力和勞動力，希望能讓國家有更多的年輕人口，來應付這些開支。

因此，很多 40 多至 50、60 歲的朋友常常問我，為何加拿大政府的移民策略沒那麼接受他們呢？看到這裡，你應該知道當中原因，加拿大缺的不是金錢，不是年紀稍大的勞動人口。他們不希望一個新移民來了加拿大，交了 10 年稅後，就拿 30 年的退休福利。年輕人除了能夠帶來了較新的技能、長年的繳稅能力外，還有是更佳的生育能力，以帶動將來的人口增長。這是一個 demand and supply 的問題，非常現實。

「我們有密密麻麻的城市，
　　但沒有一個紐約、荷里活或硅谷」

書中又提到，加拿大很渴求創意工業。無論是能源、食品、科技或是工商業等等，這裡渴求的是更多的 Start Up Entrepreneur。以往很多人都說在加拿大沒有太多工作機會，也就是因為加拿大需要更多有創意的人，去建立更多工業。

作為全世界平均教育程度最高的國家 （約 64% 人口為大專以上教育程度），Global Entrepreneurship Index 也是全球頭 4 位，然而，加拿大的人口密度低，本地消費市場太小了。很多在加拿大的初創公司，都是直接繞過加拿大，進軍美國或全球市場，繼而取得成功（但近年很多國家都推行 Buy Local 的策略，令加拿大公司向外發展並不容易！）

有研究顯示，一般人口少但初創較成功的國家，都是面積小及人口較稠密，而且也是長期面對政治危機的地方：例如南韓、以色列、新加坡、瑞士等等。有趣的是，在加拿大一些較成功的公司很多是源於魁北克（Quebec），可能也是因為地緣、歷史、法語文化等種種複雜的關係吧。

儘管加拿大有像滿地可、卡加利、多倫多、溫哥華等大城市，而政府也花很多精力去發展不同的周邊地區，然而仍沒有任何一個地方，能夠發展成為紐約、荷里活或硅谷等獨當一面的城市。加拿大需要的是具有技術的新人口，同時也要為他們提供工作機會，吸引他們住進大城市工作，而不是讓他們為了減低生活成本，白白的愈搬愈遠，搬到近乎零人口增長，或機會較少的大西洋 4 省（新不倫瑞克（New Brunswick）、紐芬蘭 - 拉布拉托（Newfoundland and Labrador）、新斯科舍（Nova Scotia）、愛德華王子島（Prince Edward Island）），以及 Manitoba、Saskatchewan 等地方。要發展這個國家，需要把人才聚在一起，而不是讓他們分開。

因為「人口老化」和「城市優才集中性不足」兩大問題，促使了加拿大政府更積極吸納新移民。但新移民抵達加拿大後，又會面對什麼境遇？

加拿大新移民的挑戰

根據本書對移民人口相關的研究，得出了以下統計：

新移民人口（包括難民）抵達加拿大後，4 年內有能力購買樓房的比例：

華人、菲律賓及韓國	60%
加勒比海	40%
阿拉伯	少於 30%

然而，這是否代表新移民都過著安逸的生活？

首先，我們看看工作機會：

- 加拿大的兼職工作比例不斷增加，由 1997 年的 11.4% 升至 2012 年的 28%。2016 年，兼職職位增加了 153,300 個，然而全職職位只增加了 60,400 個。

- 由於加拿大本身缺乏的勞動人口主要為藍領（即要求為高中畢業或以下的工作），因此只有 3% 新移民能夠重投本身的專業。

- 由於加拿大對本地專才提供較大的保護，很多外地專業資格，不能直接申請轉牌至加拿大。只有 24% 擁有專業資格的新移民能投身相關的專業（擁有專業資格土身土長的加拿大，有 62% 能投身相關專業）。

- 儘管超過 60% 新移民為大學畢業或以上，但第一代移民較難維持中產以上的生活水平。相比本地人，新移民多 2.6 倍機會生活在貧窮綫以下。很多家庭需要等到孩子長大後，在經濟層面上才能正式融入加拿大社會。

- 根據 2013 年的一個訪問，接近 46% 新移民的部分收入是來自非正式現金交易 （非僱主僱員關係），例如餐廳、Uber Eats、代購等等。

- 50 多歲男士的工資，一般比 20 多歲的高 73%；而女士的話則高出 42%。年齡分段在工資的差距上，一直在拉開。

我們再看看鄰里區的情況：
- 以往很多新移民會到地價較低的新移民市鎮購買房屋，待樓價升值後拋售，再繼而改善生活 （例如大多倫多的 Scarborough、Brampton、Markham 等等）。然而，這些地區的樓價已不是新一代移民所能負擔。因此，現在很多移民都遷到較遠郊的地區，並需要申請一個比以往較吃力的貸款，才能成功上車。

- 上代移民聚居地擁有較高的貧窮率和沒那麼優秀的醫療制度，很多新一代移民都避之則吉。然而，當他們搬到較遠郊的地區時，卻普遍有與世隔絕的感覺

因此，加拿大要解決自身人口不足的問題，也需要繼續努力改善就業市場、引入專才能力和繼續控制樓價，為即將到達加拿大的新移民，提供更佳的全職就業和做小本生意的機會。

這樣，加拿大的人口才能夠成功增長的同時，也能吸引更多世界各地的優才和他們充滿希望的下一代，來到楓葉國這個美麗的國土。

1.2 加拿大獨有的吸引力

在多倫多和溫哥華等大城市,到處到可以聽到廣東話。就算在加拿大的二三綫城市,都不難找到港人的足跡。到底是什麼原因,在過去幾十年,有這麼多香港人選擇帶著家人離鄉別井到加拿大生活?

不少調查發現,加拿大為世界上最佳居住國家之一。為何一個眾人感覺天寒地凍的國家,會被長期視為最令人嚮往的樂土?作為世界第二大土地面積的國家,加拿大地大物博、人口不多於 4 千萬。一直非常歡迎新移民的加拿大,鼓勵國民保留自己祖先的文化,以思想較為開放的多元文化和重視環保見稱。

良好的教育制度讓大部分人民曾接受過大專教育，而且歧視問題亦沒有其他西方國家般嚴重。美好的山景、湖景和眾多一望無際的草原，以及新鮮自由的空氣，是最令加拿大國民自豪的。另外，常年穩定的經濟和政治發展，公平的勞動市場就業機會、貧富懸殊較低的情況下，大部分家庭都能負擔不錯的生活，同時地能花更多時間和精力教育下一代。很多加拿大城市近年都重視資訊科技的發展，希望能打造像多倫多、溫哥華等發達的高科技城市；不少科技巨頭例如 Google、Amazon 等均非常喜歡在加拿大的大學聘請畢業生，並在各省份設立辦公室。

此外，完善的免費醫療制度、退休福利和傷殘福利，都是很多人選擇移民加拿大的主因。我們會在本書較後章節分享更多相關內容。

1.3 加拿大香港人救生艇計劃

加拿大一直是香港人最熱愛的移民目的地之一，在上世紀 80 年代末至 90 年代初，大批香港人移民到加拿大，也被認為是華裔加拿大人最大的群體之一。1997 年後，有些港籍加拿大人回流香港，並繼續在香港生活。在 2014 年，香港是亞洲最多加拿大公民居住的城市。

近年香港再次出現移民潮，而加拿大再次成為大量港人選擇移居的地方。大多數的港籍加拿大人住在大多倫多和大溫哥華地區。這些地區除了擁有優質的教育和生活質素外，亦擁有各式各樣美食和良好的社會建設，成為了希望呼吸自由新鮮空氣的港人選擇加拿大的主因。

2021 年 6 月，加拿大聯邦政府推出了簡稱為【加拿大香港人救生艇】的計劃，主要分兩條路綫，名為 Stream A（讀書路徑）及 Stream B（工簽路徑）。申請人須持有特區護照或 BNO 護照，不限省份（除 Quebec 省份之外），同時不限年齡和出生地，唯在申請成為公民時必須達到某些要求（包括 CLB 英文試分數等），計劃暫定至 2026 年 8 月 31 日結束。

為何選擇加拿大？

Stream A 申請人必須於過去 3 年完成加拿大專上課程，包括學位課程、兩年制或以上文憑課程（Diploma）、完成至少 1 年研究生課程（例如 Post Graduate Diploma or Certificate）（請留意：報讀資格須持有指定學士或文憑資歷，並在課程開始前 5 年內取得）。

Stream B 申請人須在過去 3 年在加拿大累積至少 1 年全職工作經驗，（或兼職累積 1,560 小時工作經驗）。申請人在申請公民時，亦要在過去 5 年在加拿大或海外完成指定專上教育課程，這特別的工作簽證只會簽發至 2023 年 2 月 7 日。

詳盡內容請到官方網站查閱：

Google Search：pathways to permanent residence for Hong Kong residents

Permanent residence pathways for Hong Kong residents: About the public policy

1. About the public policy	2. Who can apply	3. Get your documents ready
4. How to apply	5. After you apply	

This temporary public policy for Hong Kong residents who are currently in Canada provides a pathway to permanent residence for eligible applicants and their families.

There are 2 streams for which you may be eligible. You can apply for permanent residence under one of the following:

- Stream A: In-Canada graduates
- Stream B: Canadian work experience

This public policy will be in effect from June 1, 2021, to August 31, 2026.

Fees

From: $1,085

This fee increased on April 30, 2022.
Find out more.

Next: Who can apply ➡

無論是否過去 5 年畢業，很多港人都選上讀書這條路綫。他們認為讀書比到一個新環境直接找一份全職較為簡單，同時很多人也希望給自己一個學習新技能的機會，透過讀書累積加拿大的各方面經驗，將來能夠找一份讓自己和家人安居樂業的工作。

由於加拿大的職場環境、技能要求和文化要求跟香港很不一樣，對於很多香港人來說，需要時間適應。同時地，很多僱主都要求就職者具有 Canadian Working Experience（於加拿大境內的工作經驗），而加拿大的大專和社區學院等都設有就職培訓、Co-op（Co-operative）實習計劃，並鼓勵同學在讀書期間做兼職，希望能讓同學更容易的融入本地社區。

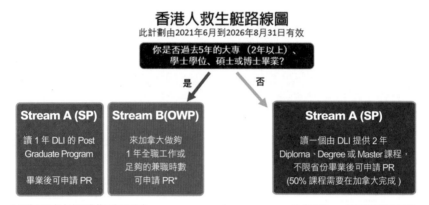

香港人救生艇路線圖
此計劃由2021年6月到2026年8月31日有效

你是否過去5年的大專（2年以上）、學士學位、碩士或博士畢業？

是　　　否

Stream A (SP)
讀 1 年 DLI 的 Post Graduate Program
畢業後可申請 PR

Stream B(OWP)
來加拿大做夠 1 年全職工作或足夠的兼職時數可申請 PR*

Stream A (SP)
讀一個由 DLI 提供 2 年 Diploma、Degree 或 Master 課程，不限省份畢業後可申請 PR (50% 課程需要在加拿大完成)

* 工作必須在大專畢業後五年內發生　　　只作參考，一切以官方網站為準

留意事項：
- 學簽不限年齡但仍然可能不獲批，例如沒有充分理由而倒讀（進修比原有學位低的課程）、未能提交合理的 Study Plan、未有足夠留學資金證明
- 申請 PR 需要英語 CLB（Canadian Language Benchmarks）5 分的要求，每項細分要有 4 分以上
- 不限省份，唯獨魁北克省不能申請
- 需持有特區護照或 BNO Visa

救生艇以外移民加拿大的熱門渠道

其實除了 Stream A 和 B 之外，加拿大還有多種移民通道，包括之前香港人較為流行的快速移民通道（Express Entry）、投資移民、初創移民

等等。但由於其複雜性和所需的要求較高的關係，自從【加拿大香港人救生艇】推出以後，便較少聽到港人提到這些計劃了。

學簽拒簽原因

即使 Stream A 的推出，讓香港人有一個渠道以留學申請加拿大公民身分。但根據我們過去經驗，仍有小部份人因各原因而被拒批出學簽。集結我們的數據，得出兩大被拒的主因。

第一：同學所提供的財政狀況不足以說服官員

申請人（或及其家人）在沒有在加拿大工作的情況下，要交代如何支付生活及繳交學費等費用。建議同學交付 4 個月的銀行結算單 (Bank Statement)，以及顯示戶口內有足夠的金額以應付學簽的要求。而足夠金額定義根據學費、學習年期、生活使費，和是否與家人同行等等因素而決定。

除了提交個人的銀行資料，部份較年輕的同學，如 DSE 剛畢業的同學，銀行未有足夠存款證明，則可提交家人或親友的銀行單及支援信，證明家人會為同學提供金錢上的支援。

第二：移民傾向

雖然許多人留學加拿大最終目標是為移民，但學簽申請時，一定要表達留學是以學習為目標。如果同學提交的解釋信（Letter of Explanation），未能說服官員在畢業後無意逗留在加拿大，或未能清楚表達在加拿大學習到的技能如何幫助自己的事業，簽證便有機會被拒。因此，解釋信是學簽成功與否的關鍵。在本書較後章節，我們會提供相關資訊予讀者。

除了以上兩大原因外，年齡或選科上的選擇等亦有機會成為被拒的原因。

1.4 公立社區學院為
Stream A 學生首選

Stream A 沒有年齡限制,沒有教育背景的要求和居住省份要求,成為了過去一年很多香港人報讀加拿大學院的原因。一年之間,單是經 The Maple Couple 報讀學校,成為 The Maple Couple 同學會成員的香港人已經超過 1,500 人。同學會中有多種不同年紀和學歷的香港人,包括了中三畢業、會考或 DSE 畢業、在學大學生、大學本科或以上畢業的香港人,而他們一般會選擇由公立社區學院(Public College)舉辦、課程較短而能達至 Stream A 要求的 2 年制文憑課程 (Diploma)。

假如申請人擁有一個 5 年內畢業的大專學歷(學士、碩士或博士,至少修讀兩年),也可以選擇 1 年的研究生課程(例如 Post Graduate Diploma or Certificate)。這些課程通常為速成課程(intensive course),課程期間不設暑假等長假期,因此實際就讀時間會較短,快則幾個月內便可完成。

這些公立社區學院所舉辦的課程，每年會有 3 個入學時期：1 月、5 月和 9 月。國際學生學費為每年約 CAD 18,000（即約每年 10 萬港元），當然，各個學科的收費不一，以上價格只供參考。加拿大大專的學費較其他西方國家為低是不爭的事實，而且每年 3 個入學學期和收生要求較寬鬆等（英文程度要求較低等）優勢，令加拿大的社區大專學院成為眾多香港人的首選。同時，這些學院是以小班教學（通常為 30-40 人，而大學是採用大班教學制，每堂課可能高達 130 人），並以職業主導，課程內容均以協助學生畢業後就業提供培訓為中心。因此，這些公立學院往往都擁有八、九成的畢業就業率。

入讀公立社區學院優點

1. 學費較經濟
相對於名校昂貴的學費，公立學院學費合理，2 年課程學費約 CAD 36,000-40,000，相比大學 4 年學費超過 CAD 80,000，相宜超過一半。

2. 小班授課
公立學院每班大約 40 人左右，學生和老師接觸的機會較多。而在大學大一或大二平均每班 200-300 人，學生有困難時缺少尋求老師協助的機會。

3. 與大學接軌
在公立學院完成大一和大二的學習之後，同學可選擇轉入大學繼續餘下的學業，最終拿到的大學文憑，和高中畢業後直接入讀 4 年大學結果相同。

4. 盡快申請成為加拿大公民

公立學院部分學科例如幼兒教育等,完成 Diploma 已可獲得相關牌照,申請成為加拿大公民。同學們更或可選擇成為公民後,以本地學生身份再升讀大學完成第 3 及 4 年的課程,節省不少學費(以幼兒教育為例,本地學生每年學費約 CAD 5,000,為國際學生學費的 1/8)

5. 公立學院收生程度一般較低,適合不同學業成績的同學。

6. 公立學院所提供的課程較為職業導向,適合國際學生畢業後留加尋找工作。

加拿大公立學院的絕大部分課程,均會在學生畢業後提供相關證明,讓學生可以向加拿大當局申請名為畢業後工作簽證(Post-Graduation Work Permit),使學生可以在畢業後合法留在加拿大工作,同時等待公民申請的批核。除了公立學院,加拿大也有大量私立學院,同時以較低廉學費提供大量文憑等課程,惟學生在畢業後或不能獲得畢業生工簽,因而令不少同學卻步。

重要提示

Designated learning institutions(DLI)加拿大移民局認可「指定教育機構」名單:

https://www.canada.ca/en/immigration-refugees-citizenship/services/study-canada/study-permit/prepare/designated-learning-institutions-list.html

※ 只有在此名單上的教育機構,才可向畢業生提供工作簽證,敬請留意。

當然，也有香港人會選擇傳統大學的學士（Bachelor Degree）或碩士（Master Degree）等學位課程，唯一般學士課程所需的就讀年期為 4 年，每年學費約 CAD 20,000，共 CAD 8 萬（約 46 萬港元）。而且就讀年期為 4 年，未必能趕及在 2026 年 Stream A 完結前畢業。而有部分人會選擇碩士課程，除昂貴的學費外，課程的程度、畢業論文要求等等均成為不少人的絆腳石。因此，很多港人都選擇捨難取易，入讀心儀社區大專學院的各類學科。

大學 / 公立學院比較

	大學	公立學院	
課程	學士 / 碩士（Bachelor/ Master Degree）	文憑（Diploma）	深造文憑（Postgraduate Diploma）
教學目的	學術研究導向	技能 / 職業導向	
每年學費	CAD 20,000-30,000	CAD 18,000	
英語要求	IELTS 6.5-7.5	IELTS 5.5-6.5	
課程時間	2-4 年	1-2 年（深造文憑比文憑教學更密集亦更快完成）	
開課月份	每年 1 及 9 月	每年 1、5 及 9 月	
實習課程（CO-OP）	有	按學科要求	有
學歷限制	高中（學士）及大專畢業（碩士）	高中畢業	大專畢業
畢業後工簽年期	3 年	1 年課程：1 年工簽 2-3 年課程：3 年工簽	

＊每間院校及不同學科要求或有分別

延伸文章

【How Much Does it Cost to Study in Canada?】

https://www.topuniversities.com/student-info/student-finance/how-much-does-it-cost-study-canada

【How much will it cost to study in Canada? 】

https://www.idp.com/india/study-in-canada/cost-of-study/

第二章
加拿大
Stream A 升學

2.1 準備篇

I. 加拿大學制概覽

加拿大每個省份都有不同的教育機制，但入學年齡和升學制度都是大同小異。

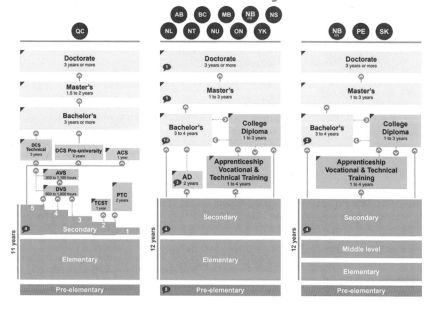

Canada's Education Systems

以佔了全國約4成人口的安大略省（ON）為例，小孩6歲開始必須上學，而很多學校同時會為4-5歲小孩提供幼稚園課程。小孩13歲從小學畢業後，便可到高中完成9-12班，約18歲從高中畢業後便可升讀大專課程。

II. 如何選擇合適學校及課程

上文提到，到加拿大讀書的香港人包括多種不同學歷和工作經驗的同學。而一般的文憑課程，收生要求為中學畢業並擁有有效英文考試成績等。我們根據經驗，把眾多香港學生分成幾個不同組別，協助同學選擇適合的課程類別。由於碩士課程收生程度較高和學費較高昂，我們把它排除在以下的分析中。當然，如同學希望到加拿大就讀碩士課程，亦是不妨一試的選項。

不同背景學生適合的課程

1.DSE 畢業生或即將高中畢業

背景： 即將 DSE 畢業、或一兩年後才 DSE 畢業，泛指所有未取得大專資格的學生

途徑： 先到加拿大公立社區學院（Public Colllege）讀兩年 Diploma，取得 PR（永久居留權 Permanent Residency）後，再銜接其他大學，報讀 Year 3 或 Year 4，以 Transfer Credit 的形式修讀，再選定主修科目，直至取得學位為止。

好處：

i.) 作為國際留學生，在公立學院修讀一個 Diploma，學費比入讀大學相宜超過一半。而且同學先修讀 2 年 Diploma，取得 PR，便可以公民身份入讀當地大學，學費可再有額外優惠。

ii.) 因為入讀公立學院的門檻比較低，同學們就算 DSE 考得不理想，也較容易考入心儀的學校。

2. 近年大專畢業生，或即將大專畢業生

背景：所有 Diploma、Degree 或 Master Holders

途徑：可以選擇在公立學院修讀一年以上的 Post Graduate Cert.。不過請注意以上課程只適合大專畢業 5 年內的學生。即是如果你在 2018 年中畢業，你的申請限期是 2023 年中。因為根據 Stream A 的規定，如果過了 5 年畢業期，就算修讀 Post Graduate Course 也不能以 Stream A 形式申請。

好處：

i.) 相比報讀大學的 Post Graduate Course 例如 Master Degree，公立學院報讀的門檻比較低，學費也較低。

ii.) 公立學院的課程設計偏重實用性的職務導向，又有實習機會，畢業後更容易投入當地的職場。

3. 多年前已在高中或大專畢業

背景： 已畢業好一段時間的在職人士

途徑： 加拿大公立學院讀兩年的 Diploma，然後取得 PR。需注意此方法只適合對選修學科有一定程度認識的申請人，否則會被懷疑為「倒讀者」（修讀比自身學歷更低的課程）而不獲留學簽證。另外留意學校對申請者英語也會有一定要求。

4. 多年前已獲學士或碩士學歷

背景： 已畢業好一段時間，學歷較高的在職人士

途徑： 選擇到大學修讀碩士課程，或到公立學院修讀 2 年以上的 Diploma 課程。

好處： 在公立學院修讀 2 年制的 Diploma，無論金錢與時間都比在大學修讀節省不少，不過最終要視乎申請者進修的目的是研究導向還是職業導向。

Diploma 及 Post Graduate 入學要求

課程類別	入學要求
Diploma Programs	• 適合高中畢業生和 Diploma Holder • 適合希望轉型的大學畢業生 • 適合一直在一個工作領域發展，但沒有相關學歷的同學 • 一般為 2 年課程，畢業後可申請 3 年工簽 • 英文成績一般要求：IELTS Academic 6.0（每一項不低於 5.5 分）、或 Duolingo 105 分
Post Graduate Programs	• 主要收生為 Bachelor Degree Holder，協助他們在加拿大尋找適當的工作 • Master Degree Holder 以上學歷亦可報讀 • 部分課程適合超過 3 年 Full Time Diploma 課程畢業的學生 • 通常為 1 年課程，畢業後有 1 年工簽 • 部分學校提供 2 年 Post Grad Program • 英文成績一般要求：IELTS Academic 6.5（每一項不低於 6 分）、或 Duolingo 125 分

熱門課程一覽

根據我們的統計，以下是不同背景的香港人留學加拿大熱選的課程：

The Maple Couple 同學會各行各業統計
DSE 或大專畢業生 年輕香港人首選課程 (2 年 Diploma)

1. Early Childhood Education
2. Baking & Pastry Arts Management
3. Culinary Management
4. Business - Marketing
5. Computer Programming
6. Software Engineering Technology
7. Event Planning
8. Hospitality Management
9. Office Admin (Legal/Health Service/Executive)
10. Cosmetology

2022 年版本排名不分先後
超過 1,500 名香港學生的資料庫

www.themaplecouple.com

The Maple Couple 同學會各行各業統計
醫護及科學界 香港人首選課程 (2 年 Diploma)

1. Health Administration
2. Pharmacy Technician
3. Massage Therapist
4. Early Childhood Education
5. Fitness & Health Promotion
6. Nutrition and Food Service Management
7. Optician
8. Biotechnology
9. Environmental Technology
10. Office Admin — Health Services

2022 年版本排名不分先後
超過 1,500 名香港學生的資料庫

www.themaplecouple.com

立即加入同學會，尋找同路人

www.themaplecouple.com

2022 年版本排名不分先後
超過 1,500 名香港學生的資料庫

The Maple Couple 同學會各行各業統計
教育及社福界 香港人首選課程 (2 年 Diploma)

1. Early Childhood Education
   (如本身已為幼教老師，須小心選課)
2. Business - Management
3. Human Resources Management
4. Fitness and Health Promotion
5. Social Service Worker
6. Community Development Worker
7. Developmental Services Worker
8. Community and Social Services
9. Child and Youth Care
10. Recreation Management in Gerontology

立即加入同學會，尋找同路人

2022 年版本排名不分先後
超過 1,500 名香港學生的資料庫

The Maple Couple 同學會各行各業統計
IT 及工程界 香港人首選課程 (2 年 Diploma)

1. Building Systems Engineering
2. Architectural Technician
3. Building Construction Technician
4. Automotive Collisions
5. Computer Programming / System Technology
6. Software Engineering
7. Automotive / Electrical/ Mechanical/ Electronics Technician
8. Heating, Refrigeration and Air Conditioning Technician
9. Civil / Energy Systems Engineering Technician
10. Aviation Operations
11. Supply Chain Operations
12. Carpentry and Renovation

 www.themaplecouple.com

2022 年版本排名不分先後
超過 1,500 名香港學生的資料庫

立即加入同學會，尋找同路人

The Maple Couple 同學會各行各業統計
金融界 香港人首選課程 (2 年 Diploma)

1. Hospitality - Hotel Operations Management
2. Software Engineering Technician
3. Business - Accounting
4. Business - Marketing
5. Financial Services
6. Office Admin — Legal
7. Supply Chain Management
8. Interactive Media Design
9. Business - Insurance
10. New Media Production and Design
11. Fashion Business

 www.themaplecouple.com

立即加入同學會，尋找同路人

2022 年版本排名不分先後
超過 1,500 名香港學生的資料庫

The Maple Couple 同學會各行各業統計
旅遊及服務界 香港人首選課程 (2 年 Diploma)

1. Culinary Management
2. Baking & Pastry Arts Management
3. Hospitality & Tourism Administration
4. Event Planning
5. Business — Marketing
6. Journalism
7. Food & Beverage Management
8. Hotel Operations Management
9. Fashion Business
10. Photography

 www.themaplecouple.com

立即加入同學會，尋找同路人

2022 年版本排名不分先後
超過 1,500 名香港學生的資料庫

The Maple Couple 同學會各行各業統計
設計及藝術界 香港人首選課程 (2 年 Diploma)

1. Digital Visual Effects
2. Graphic Design
3. Animation 3D
4. Photography
5. Advertising and Marketing Communications
6. Strategic Relationship Marketing
7. Fine Arts Studio
8. Jewelry Methods
9. Product Design and Development
10. Broadcasting - Radio, Television, Film & Digital Media
11. Event Planning
12. Fashion Business
13. Interactive Media Design

 www.themaplecouple.com

立即加入同學會，尋找同路人

2022 年版本排名不分先後
超過 1,500 名香港學生的資料庫

The Maple Couple 同學會各行各業統計
過去 5 年畢業 醫護及科學界 香港人首選課程 (1 年 PG)

1. Workplace Wellness And Health Promotion
2. Autism And Behavioral Science
3. Addictions And Mental Health
4. Human Resources Management
5. Health Informatics
6. Insurance Management
7. Project Management
8. Strategic Management
9. Sport And Event Marketing
10. Event Management

 www.themaplecouple.com

立即加入同學會，尋找同路人

2022 年版本排名不分先後
超過 1,500 名香港學生的資料庫

The Maple Couple 同學會各行各業統計
過去 5 年畢業 教育及社福界 香港人首選課程 (1 年 PG)

1. Career Development Practitioner
2. Workplace Wellness and Health Promotion
3. Autism and Behavioral Science
4. Therapeutic Recreation
5. Wellness Coaching
6. Human Resources Management
7. Lifestyle Media
8. Museum and Cultural Management
9. International Development

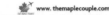 www.themaplecouple.com

The Maple Couple 同學會各行各業統計
過去 5 年畢業 IT 及工程界 香港人首選課程 (1 年 PG)

1. Construction Project Management
2. Cybersecurity
3. Mobile Applications Development
4. Internet of Things
5. Business Analytics and Insights
6. Applied A.I Solutions
7. Health Informatics
8. UX Designs
9. Web Development
10. Big Data Analytics
11. Digital Marketing
12. Project Management

立即加入同學會，尋找同路人
www.themaplecouple.com
2022 年版本排名不分先後
超過 1,500 名香港學生的資料庫
41

The Maple Couple 同學會各行各業統計
過去 5 年畢業 金融界 香港人首選課程 (1 年 PG)

1. Financial Planning
2. Business Analytics and Insights
3. Human Resources Management
4. Insurance Management
5. Marketing Research and Analytics
6. Project Management
7. Marketing Management
8. Digital Media Marketing
9. Strategic Management
10. Supply Chain Management
11. Public Relations
12. Green Business Management and Sustainability
13. Accounting
14. International Business Management

立即加入同學會，尋找同路人
www.themaplecouple.com
2022 年版本排名不分先後
超過 1,500 名香港學生的資料庫
42

加拿大升學移民實戰

立即加入同學會，尋找同路人

2022 年版本排名不分先後
超過 1,500 名香港學生的資料庫

The Maple Couple 同學會各行各業統計
過去 5 年畢業 旅遊及服務界 香港人首選課程 (1 年 PG)

1. Food Tourism
2. Hotel, Resort And Restaurant Management
3. Event Management
4. Lifestyle Media
5. Museum and Cultural Management
6. Public Relations
7. Marketing Management
8. Journalism
9. Food Media
10. International Business Management

www.themaplecouple.com

立即加入同學會，尋找同路人

2022 年版本排名不分先後
超過 1,500 名香港學生的資料庫

The Maple Couple 同學會各行各業統計
過去 5 年畢業 設計及藝術界 香港人首選課程 (1 年 PG)

1. Arts Management
2. Interactive Media Management
3. Lifestyle Media
4. Museum and Cultural Management
5. Public Relations
6. Design Management
7. Apparel Technical Design
8. Sound Design & Production
9. ANIMATION 3D (PG)
10. Journalism

www.themaplecouple.com

對於很多香港人來說，加拿大是一個很陌生的地方。因此，我們為香港人設計了一個加拿大升學計算機，大家可以按自己的教育程度、興趣和其他實際情況，三分鐘內選擇適合自己的加拿大公立學院的學科。

https://www.themaplecouple.com/studyincanadamovingtocanada

其他選科要點：

- **確認學校是否提供畢業後工作簽證，有助你在畢業後留加工作。**

36

以下網頁會列出加拿大提供工作簽證的學校名單：

https://www.canada.ca/en/immigration-refugees-citizenship/services/study-canada/study-permit/prepare/designated-learning-institutions-list.html

同學在選擇學校時，應留意自己的學校和學科是否可以在畢業後申請工簽，以便在畢業後繼續留加工作和生活。

- **了解學校有否提供實習機會和協助學生尋找工作的服務。**

  大部分公立學院均有求職中心 (career center)，輔導和協助同學在履歷、求職信、LinkedIn 專頁設計、面試、搵兼職、實習和全職工作等的支援。學院的導師是該行業擁有多年經驗，可以為學生提供相關網絡和求職上的支援。同時，由於公立學院的課程是職業導向的形式，很多學校的課程：例如幼兒教育、烹飪、商科等均具有一個學期或以上的全職實習的機會，讓國際學生從而輕鬆獲得加拿大投身職場的實際體驗，為畢業後的留加生活鋪路。

- **由於每間學校的收費不同，請了解相關學校的收費表。**

- **通常大型省份（例如安大略省、卑詩省和亞伯達省等）的各個城市或市鎮都會有一所公立學院以協助當地居民就學和就業。**因此，除了較多同學選擇的多倫多、卡加利和溫哥華等大城市外，部分同學也會選擇到生活使費較低而人口較少的偏遠地方。

- **國際學生比例。**很多同學希望找一些較多本地學生的學生，希望能夠增加和本地同學交流的機會，以此儘快融入本地生活圈子

- **畢業後就業率。**很多學校會公開其畢業生畢業後 6 個月內的就業率作為參考。通常公立學院的就業率高達 80 - 90% 或以上，而部分學校的熱門學科的畢業就業率甚至到達 100%。

III. 留學預算開支

- 學生簽證使費 （約 CAD 150） 和機票使費

- 一般公立學院的學費為每年 CAD 18,000 或以上，不同課程所需學費不同，大家可直接到心儀學校的網站留意相關內容。學費是按學期收取，通常已包含醫療保險、學生會費用和雜費等開支。

- 其他使費：根據加拿大官方教育局網站 EduCanada 所提供的資訊，學生應根據個人需要和生活質素，預備每年 CAD 7,000 -20,000 的額外開支作以下使費：

  - 書本費和手提電腦

  - 住屋。網上有大量租屋資源。而 The Maple Couple 同學會亦有夾租群組等機制，協助同學尋找同一學期入學的同校同學，成為室友，減低剛到加拿大時的生活開支成本

  - 飲食和生活所需物資。加拿大大型超市 （例如：Walmart， Food Baiscs 等） 通常為顧客提供一站式購物，非常方便需乘搭公共交通出入的學生

  - 衣物 （尤其是冬天衣物）

  - 娛樂

  - 交通：由於加拿大地大物博的關係，除了多倫多和溫哥華等大城市擁有市區鐵路的基建外，其他地方通常都只有巴士為公共交通工具。因此大部份同學在到達加拿大後會儘快考取車牌和選購私家車作為代步，讓生活更為方便

  - 保險 （包括旅遊和額外的醫療保險）

留學使費實例

我們以一位 2021 年 9 月入學的年輕大學畢業生作為例子，他在 2021 年初開始決定到加拿大升學，9 月來到加拿大就讀 1 年 2 學期的多倫多某公立學院的課程。以下是他留學一年的大約開支（CAD）：

項目	每月	每年
學費	-	16,000
校務費用 + 教參書	-	1600
住宿（與 3 位同學夾租）	600	7,200
手機通訊 + 家居上網	60	720
飲食和生活所需物資	200	2,400
娛樂 / 衣履	100	1,200
養車金額 + 保險	800	9,600
汽車燃油	100	1200
總開支	1,860	39,920

這位同學由 2021 年 9 月開入學至 2022 年 4 月尾畢業，前後只用了 8 個月。在就學期間每星期兼職工作 20 小時，並在畢業後直接轉做全職。在不計算學期間的收入情況下，他共花費約 CAD 32,500（$1860 X 8 個月 + $16,000+$1,600），便完成了整個課程，並讓他在 2022 年 5 月申請加拿大 PR 身分，於 2022 年 8 月獲得加拿大政府批核，成功獲得加拿大 PR 身分。

（以上預算及流程僅作參考，不同學院、學科及城市的使費可以有很大的差別，敬請注意。）

同行親屬工作簽證

成功獲得學生簽證到加拿大升學的港人，可帶同 18 歲以下的兒女到加拿大生活，並可免費就讀公立學校，而配偶同時可以申請開放式工作簽證（Open Work Permit / OWP），在主學簽申請人就學期間，配偶可以在加拿大就業，令留學的負擔減輕不少。

2.2 報考篇

I. 熱門城市及學校推介

多倫多 Toronto

多倫多位於安大略省,是加拿大第一大城市,金融、商業,電訊服務機構林立,是世界上最大的金融中心之一, 且近年來的經濟發展迅速,很多全球 500 強的企業都在多倫多設立了分公司。多倫多證券交易所是世界第七大交易所,Royal bank、Scotia bank 及 Bank of Montreal 的總部都設於多倫多,也有不少大銀行和 IT 企業總部選擇在多倫多上市。

另外,多倫多的金融、 IT、創意文化產業方面等的工作機會處處,政府也不時積極在海外廣邀人才,發展空間廣闊,不論打工或是發展個人事業都是不俗的起步點,相當適合不同人士和年青人展開新生活和居住。

多倫多是國際大熔爐,有接近一半人口來自全球各國,多元的族裔特色讓大家可以學習到不同文化。加拿大的多元社會共融文化政策,令所有新移民都可以安全舒適無拘無束地生活,因此多倫多已連續多年被聯合國評為全球最宜居住的城市之一,同時也是世界上最安全、富裕和擁有最高生活水準的城市之一。

因為文化多元化,多倫多的美食種類亦相當多,不論中西日韓台,還有很多富特色民族菜式也可以在這裡找到。以香港人喜愛的飲茶為例,這裡大大小小的餐館酒樓多不勝數,質素高而價錢合理。台式珍珠奶茶店成行成市,青年人熱愛的日韓美食也多不勝數。新鮮食材很多都是由多倫多自家出產,正正顯示加拿大是個自給自足的地方,不論金融經濟或農牧業,也發展得很成熟和有規模。

多倫多市區很繁忙,路人看起來都很忙碌,這都是大城市該有的風格。不論工作天還是假期,這城市都充滿活力。這裡四季裡每月都有不同大大小小的活動,大人小朋友都會很踴躍參加,享受假日。

【多倫多熱門學校介紹】

1. Seneca College 聖力嘉學院

簡介： Seneca College 是一家國際教育機構，提供超過 290 個文憑、學位和證書課程。此外，他們讓學生有機會根據自己的興趣，從 500 種職業選擇中進行選擇。學院成立於 1967 年，總部位於多倫多，因其規模和優秀地理位置而廣受歡迎，除了提供社會科學、應用藝術、金融服務和科學等課程，還與具有深厚知識的行業領導者和專家合作，設計適切時代需要的新課程。

入學要求： 18 歲以上、高中畢業

　　　　　文憑、證書課程：TOEFL 80、IELTS 6.0

　　　　　學士學位課程：TOEFL 84、IELTS 6.5

　　　　　Post Graduate 課程：TOEFL 88、IELTS 6.5（大學畢業）

香港人熱選課程：

Early Childhood Education、Computer Programming、Social Service Worker、Tourism、Business Analytics、Interactive Media Design

網址： https://www.senecacollege.ca/

2. Centennial College 百年理工學院

簡 介：Centennial College 百年理工學院成立於 1966 年，是多倫多首間公立學院，當時僅有 514 名學生，但現在這學院每年吸引超過 45,000 名學生就學。作為安大略省政府認可的第一所學院，它已成為加拿大最受歡迎的教育機構之一，也是大多數國際學生留學的首選，The Maple Couple 已經協助超過 600 位香港學生入讀這校。學院與多倫多大學合作，可以銜接大學的學位及 Master Degree 課程。此外，它還與世界各地的眾多教育機構合作，提供各種研究生課程、加速課程（Fast Track Program）和其他相關課程等。學院還在 2015 年獲得了國際教育領導獎。

入學要求：18 歲以上、高中畢業

　　　　　文憑、證書課程：TOEFL 80、IELTS 6.0

　　　　　學士學位課程：TOEFL 84、IELTS 6.5

　　　　　Post Graduate 課程：TOEFL 88、IELTS 6.5（大學畢業）

香港人熱選課程：

Early Childhood Education、Software Engineering Technician、Baking Pastry Arts Management、各類商科課程、Event Planning、各類 Office Administration 和理科課程，包括：Construction Engineering、Electronic Engineering、Automotive Power Technician 等

網址：https://www.centennialcollege.ca/

3. Humber College 漢伯學院

簡介：漢伯學院成立於 1966 年，也是到加拿大升學的首選社區學院之一。 該學院提供 95 個工程、通訊、商業、社會科學、生命科學和藝術課程的證書和學位。所有課程的設計都非常著重工業和企業領域的實踐。學院還提供藝術和普通科學課程，以幫助學生完成大專課程。

入學要求：18 歲以上、高中畢業

　　　　文憑、證書課程：TOEFL 80、IELTS 6.0

　　　　學士學位課程：TOEFL 84、IELTS 6.5

　　　　Post Graduate 課程：TOEFL 88、IELTS 6.5（大學畢業）

香港人熱選課程：

Computer Programming、Landscape Technology、User Experience (UX)、Interior Design

網址：https://www.humber.ca/

4. George Brown College 喬治布朗學院

簡介： 喬治布朗學院三個主校區都位於多倫多 Downtown 市內，學生可以在加拿大最多元化的經濟中心生活、工作和學習。學院自 1967 年以來已獲得政府批准和公共資助，並提供跨國公司實習經驗的黃金機會。它提供高質素的專業課程，包括文憑、證書和研究生學位課程。這些課程皆是與國內和國際企業、市場領導者和專家聯合開發的，並不斷更新以滿足商界日新月異的需求。

入學要求： 18 歲以上、高中畢業

文憑、證書課程：TOEFL 80、IELTS 6.0

學士學位課程：TOEFL 84、IELTS 6.5

Post Graduate 課程：TOEFL 88、IELTS 6.5（大學畢業）

香港人熱選課程：

各類商科課程、Early Childhood Education 、Culinary Management、Autism & Behavioural Science、Baking And Pastry Arts Management

網址： https://www.georgebrown.ca/

溫哥華 Vancouver

溫哥華市位於加拿大卑詩省，是省內最大的城市，為全球最多華人居住的城市之一。溫哥華在多個世界最佳居住城市排行榜上都名列前茅，不論是想要享受大自然，還是體驗都市生活都非常適合。

香港人對溫哥華的認知，基本上大多只認識溫哥華市，但其實大溫哥華地區（Greater Vancouver）又何止溫哥華市，尚有西溫哥華市、北溫哥華市、列治文市、本那比市、高貴林市及素里市等多個地方組成。但說到華人集中地，首選是列治文市，華人佔溫哥華人口大約五分之一，是最多外來民族居住的省份之一。

在溫哥華，語言以英語為主，佔據一半以上比例，其次是漢語和旁遮普語，而多民族聚集形成了加拿大獨特的文化。加拿大沒有強制你認同當地文化，反而會包容外來民族的思想和文化，新移民可以嘗試不同方式體驗生活，也可以保留民族傳統地繼續展開新生活。

加拿大 Stream A 升學

加拿大是個稅務國家，每一個省份的稅制都有所不同，而溫哥華是其中一個比較低稅率的城市。以購物為例，這裡需要繳交 12% 消費稅，而飲食則只需繳交 5% 消費稅，金錢上負擔會比起安省輕鬆一點，因為安省的消費和餐飲方面稅率一律為 13%。

不得不提溫哥華的天氣，這裡氣候溫和，四季宜人，市內草地常綠、繁花似錦，屬溫帶雨林氣候，夏天平均為 25 度，而冬天則約為 0 度。但要注意冬天下雨的時間比下雪更多，因而有一個叫做「Raincouver」的別名。由於雨水較多，早晚溫差大，外出必備防風防雨外套，雨靴或是防水鞋和保暖衣物，就跟現在香港的雨季有點相似。而冬季的時候市區也不常下雪，偶而只會有數天的降雪，不過山區情況卻不同，會有大量的降雪與積雪出現，所以溫哥華有很多大大少少的滑雪場，是個滑雪勝地，也曾成為冬季奧運的舉辦城市。

溫哥華地理優越，背山面海，是個低陸平原地區中的沿海城市，享有豐富的海洋資源：三文魚、龍蝦、海膽、扇貝、帝王蟹等等，都是可以直接從海洋運送到廚房製作的新鮮海產，所以在溫哥華，能吃到海鮮的餐廳絕對是琳琅滿目，當中日式刺身餐廳尤其出名。除了海鮮，多民族組成的溫哥華市，當然亦有很多不同國家的美食，在溫哥華居住必定會大飽口福。

【溫哥華熱門學校介紹】

1. Vancouver Community College （VCC）
溫哥華社區學院

簡介：溫哥華社區學院位於溫哥華市中心，是卑詩省最大的教育訓練學院，每年迎接超過 15,000 名學生來體驗世界級的職業培訓，協助學生為競爭激烈的就業市場做好充分準備。VCC 在烹飪藝術、商業、設計、健康科學、酒店、交通運輸和音樂方面提供創新的行業指導，同時還提供成人進修、特殊教育等課程。修讀的證書包括學士學位、文憑、證書等。VCC 根據各行業的需求而設計各類課程，以確保學生能成功進入職場，所以 VCC 畢業生過往擁有 90% 的畢業後就業率。此外，VCC 在國際上享有盛譽，每年為 1,000 多名國際學生提供 34 個熱門課程。

入學要求：18 歲以上、高中畢業

IELTS 6.0 (每科不低於 5.5) 或 TOEFL 79 (每科不低於 20)

香港人熱選課程：

Cosmetology、Marketing Technology、Hospitality、Automotive Collision & Refinishing 、Culinary Arts

網址：https://www.vcc.ca/

2. Kwantlen Polytechnic University（KPU）
昆特蘭理工大學

簡介： 昆特蘭理工大學 （KPU） 由卑詩省政府於 1981 年成立，
是一所公共機構，在大溫哥華地區擁有 4 個校區。 KPU 提
供 140 多個課程的學士學位、副學士學位、文憑、證書等課
程。每年有超過 70 多個國家的學生選擇在該校留學進修！
學校不斷開發新的學位課程和其他應用證書，以成功滿足區域和
全球就業市場不斷變化的需求，各專業課程更獲得各行業專業協
會的認可。學生不但會在 KPU 找到一個令人感興趣的科目，還
能感受非凡的教育和改變生活的體驗。

入學要求： 18 歲以上、高中畢業

IELTS 6.5（每科不低於 6）或 TOEFL 88（每科不低於 20）

香港人熱選課程：

各類商科課程、Computer Info System、Acupuncture

網址： https://www.kpu.ca/

卡加利 Calgary

卡加利，加拿大的第四大城市，位於加拿大亞伯達省南部洛磯山脈的城市，原本是一個以農牧業作為主力發展的地區，直至 20 世紀發現了天然氣和石油，因此轉型經濟繼而迅速發展，是世界上擁有富裕、安全、幸福條件以及最高生活水準的城市之一，也是亞伯達省的經濟、金融、和文化中心。

由於石油業的蓬勃發展，世界上眾多石油公司都在這裡設有常駐機構，很多能源公司的加拿大總部也設在這裡，因此卡加利是加拿大的能源中心以及北美第二大能源中心。除了石油業外，觀光業也是亞伯達省發展迅速的產業之一，相對地衍生出大量的工作職位，吸引世界各地年輕、並且具備技術及生產力高的勞動人口移民到當地，這也是外國留學生選擇到卡加利留學的重要考慮因素之一。

在高度現代化的基礎建設之下，在卡加利擁有生活素質高、多元文化以及安全的社區生活。卡加里亦是亞省最大最多華人的城市，面積雖比香港小，但人口只有約一百萬人，人口密度相對低，空間感十足，不會有任何壓迫感，十分舒適，因此卡加里多次被列入全球十大最宜居的城市之一。

至於天氣方面，卡加里四季分明，夏季短，冬季長，天氣乾燥。夏天大約在六至八月份，氣溫徘徊在二十度左右，日照長達晚上九時；冬天在十二月到三月分，長期下雪，而且日照時間較短，下午五時已經開始天黑。雖然如此，但卡加利仍然充滿活力，每到冬天市民便會把握時間溜冰、滑雪、冰上曲棍球、冰釣及挑戰雪山健步。

在日常開支上，亞伯達省跟其他省份比較也是平絕全國：亞伯達省消費稅率只是 5%，而卑詩省 12%，安大略則是 13%。出外用膳更不用另外繳稅，只需要付小費大概 10% 就可以了。這個低密度、低稅率和低物價的城市，吸納了不少考慮到加拿大讀書和展開新生活的朋友。

【卡加利熱門學校介紹】

1. Bow Valley College 弓谷學院

簡介： 弓谷學院成立於 1965 年，每年在學學生超過 25,000 人，提供第二語言培訓、證書、文憑課程等。學院擁有經驗豐富且敬業的教師，讓課程保持出色和擁有高度認受性。弓谷學院的學生會以小班形式上課，讓他們可與導師保持密切聯繫。 來自世界各地的學生追求高質素教育，在完成山谷學院的任何課程後，他們可以在任何大學繼續升學，或選擇心儀的工作環境中就業。

入學要求： 18 歲以上、高中畢業
　　　　　　IELTS 6.0（每科不低於 5.5）

香港人熱選課程：

Disability Studies、Interior Decorating、Business Studies、Justice Studies

網址： https://bowvalleycollege.ca/

2. Southern Alberta Institute of Technology (SAIT) 南部阿爾伯塔理工學院

簡介： 南部阿爾伯塔理工學院是加拿大最大的理工學院之一。這家位於卡加利的學院專注於向學生傳授各類培訓和技能。它具有很高的就業機會率，超過 80% 的學生在完成學位後 8 個月內便找到工作。學院提供各種各樣的支援服務，以確保學生在學習期間得到照顧，包括獎學金、殘疾人士援助、特別學術支援和保密的諮詢服務。學生也可參加各類活動，並加入各個學會。目前學校擁有 70 多個各類學會供學生參加。

入學要求： 18 歲以上、高中畢業

IELTS 6.0（每科不低於 6）或 TOEFL 80（每科不低於 20）

香港人熱選課程：

Information Technology System、Business Administration、Hospitality Management、Software Development、Administrative Information Management

網址： https://www.sait.ca/

除了可參考熱門學校外，港人在報讀學校時，同時亦應留意熱門課程，希望在興趣和課程實際用途上取得平衡，從而在畢業後較容易找到相關行業的工作，盡快投身本地勞動市場。讀者可以在本書第 4.2 章 【加拿大熱門行業】中，了解當前加拿大 15 大熱門職業，作為選科的重要參考。

II. IELTS 及 Duolingo 考試攻略

港人報讀加拿大的公立學院，大部分學院會要求學生提交英文評核考試，例如 IELTS Academic、TOFEL 或者是近年較為流行的 Duolingo 成績。很多學生在投考英文考試前，會參加網上教學或本地英文課程（例如：英國文化協會）。

部分與 The Maple Couple 合作的公立大專學院，能夠為合乎相關條件的香港學生，豁免英文評核考試的成績，這些學院便利港人的條款讓大量同學受惠。而部分未能達到學校英語入學要求的同學，會選擇以遙距或親身到加拿大就讀由公立學院提供額外的英文課程。

另外，也有很多港人會網上就讀不同的國際英文學校課程，而這些課程是受公立學院認可，讓學生在英文課程畢業後直接報讀心儀課程，而當中較多港人就讀的為 ILAC（International Language Academy of Canada）。ILAC 是加拿大極具規模的英語學習機構，校舍設於溫哥華及多倫多。該校的課程與牛津大學出版社共同策劃，又與加拿大

80 多間大專院校合作，只要在 ILAC 修讀完成，便無需再考 IELT 或 TOFEL，直接到合作院校就讀。

網址 https://www.ilac.com/

Duolingo 及 IELTS 的分別

近年，較多同學選擇投考 IELTS Academic 或者 Duolingo，以達到報讀公立學校的要求。我們在這裡比較一下兩者的區別：

Duolingo English Test 是針對國際學生和學校的英語水平評估。以通過電腦和網絡攝像鏡頭在家進行評估，不需預約或前往考試中心進行評估。大部份學校均接受 Duolingo 英語水平評估的成績，作入學考試的參考之一。

IELTS 國際英語水準測試是國際上認受性最高的英語水準測試之一，專為打算到英語主導的國家留學、移民或就業的人士而設。考試在各地均有不同的主辦機構以及官方考試中心。考生需先預約，並在測試當天前往考場進行考試。

加拿大 Stream A 升學

【Duolingo English Test】

考試部份

考試平均需時一小時,並沒有時間及地點限制,任何時間都可以線上考試。在考試結束後兩天內,便可知道成績。而證書有效期為 2 年。

考試流程

在網站上報名及付款即可開始考試。

考試題型

一、閱讀部分。時限為 3 分鐘。

A. 選出正確的英語單詞

B. 不供詞填充

二、口語。時限為 20 秒。

A. 朗讀句子

B. 看圖説話

三、寫作部分。時限為 5 分鐘。

A. 用英語簡短地描述圖片

B. 根據問題作文 50-100 字。

四、聽力部份。時限為 1.5 分鐘。

A. 聽寫句子

B. 聆聽錄音後,選擇正確英文單字

五、面試部份。時限為 16-20 分鐘。

有數條考試題目須回答。每題有 30 秒的準備時間,30 秒內隨時可以開始作答。作答時間為 30-90 秒。

考試分数

總分為 160。一般學校要求 105 分(Diploma/ Certificate),及 125 分(Postgraduate)。

Duolingo English Test 考試流程視頻

https://youtu.be/pi7cycAUpn0

Duolingo 成績通知。

【IELTS】

IELTS 分為兩種的考試，分別為 General 和 Academic。 General 考試是為移民的人士而設，而 Academic 是為升學人士而設。

考試流程及題型

Academic IELTS 考試分為兩部分，分別為筆試及口試。筆試包含聆聽、閱讀，及寫作，合計全長 2 小時 40 分鐘，中間不設小休。口語考試會在同日進行，但亦可在筆試日前或後一週進行。考試成績會在考試日期的 13 天後在線預覽。並在網上發佈成績後一至兩天，以郵寄方式收到 IELTS 考試紙本成績表。

考試分數

成績滿分為 9 分。IELTS 成績單上，同時會印出四個部份的獨立分數以及 IELTS 的總分數。一般學校英語要求為總分 6.0 或以上並且在各部分取得 5.5 分或以上 (Diploma/Certificate)，或總分 6.5 或以上並在各部分取得 6.0 或以上（Postgraduate）。

	IELTS	Duolingo
內容	聽、説、讀、寫	聽、説、讀、寫、面試
費用	HK$2,700	USD 49
測驗形式	考場	線上
考試時間	3 小時	60 分鐘
分數規則	每科滿分為 9 分	每科滿分為 160 分
	總分為四科平均，滿分 9 分	總分亦為 160 分
成績公布	考試後 13 天	48 小時內
入學要求	總分 6.0 或以上，各部分取得 5.5 分或以上（Diploma/Certificate）	105 分（Diploma/ Certificate）
	總分 6.5 或以上，各部分取得 6.0 或以上（Postgraduate）	125 分 （Postgraduate）

*截至 2022 年 10 月，資料僅作參考

溫習及答題技巧

不論官方或其他網站，均有大量免費或收費之備試資源，包括示範短片、網上課程、參考書籍、面授課程、講座及工作坊等。大家可按自己需要，選擇合適的方法。充分了解不同考試題型有助大家在考試中更得心應手，取得好成績。

英國文化協會以及 IDP 為香港 IELTS 的官方考試中心，在官方網站上有大量模擬試題供大家下載作參考。此外亦有各類型官方或非官方的 App 供大家隨時隨地準備應考。在報考 IELTS 後，會有 Road To IELTS （衝刺版）網上課程。 官方提供練習題目及課程，讓考生作最充足的準備。在 YouTube 上亦有各口語考試分數範例，大家可以觀看，以知道考試的要求水平。

Duolingo 網站上有免費模擬考試練習，讓大家熟悉考試題型，練習次數不限。YouTube 亦有不同平台，分享 Duolingo 考試的小貼士，以及常見的錯誤。

III. 學簽申請 Step by Step

在報讀學校後，等待學校收錄信時，可先預備各類型的文件作申請學簽之用。儘管學簽申請可以自行處理，但如有需要，個別同學可聘請合資格的移民律師作咨詢。

IRCC Portal 填寫步驟

在 2022 年，加拿大公民及移民部（IRCC）推出了新網站（IRCC Portal）用作申請學簽之用。新網站使用方式較舊的（GCKey）簡單，大多以問題方式取締舊有的表格。只須根據指示，按照問題提供相關的資料即可。

Step 1: 到 IRCC Portal

i.) 登入 https://www.canada.ca/en.html

ii.) 選擇 Immigration and citizenship

Most requested

Sign in to an account	Employment Insurance and leave	Public pensions (CPP and OAS)	Get a passport
Coronavirus (COVID-19)	Find a job	ArriveCAN	Visit Canada

Jobs
Find a job, training, hiring programs, work permits, Social Insurance Number (SIN)

Immigration and citizenship
Visit, work, study, immigrate, refugees, permanent residents, apply, check status

Travel and tourism
In Canada or abroad, advice, advisories, passports, visit Canada, events, attractions

Business and industry
Starting a business, permits, copyright, business support, selling to government

Benefits
EI, family and sickness leave, child benefit, pensions, housing, student aid, disabilities, after a death

Health
Food, nutrition, diseases, vaccines, drugs, product safety and recalls

Taxes
Income tax, payroll, GST/HST, contribution limits, tax credits, charities

Environment and natural resources
Weather, climate, agriculture, wildlife, pollution, conservation, fisheries

National security and defence
Military, transportation and cyber security, securing the border, counter-terrorism

Culture, history and sport
Arts, media, heritage, official languages, national identity and funding

Policing, justice and emergencies
Safety, justice system, prepare for emergencies, services for victims of crime

Transport and infrastructure
Aviation, marine, road and rail, car seat and vehicle recalls

iii.) 進入頁面，選擇 Study

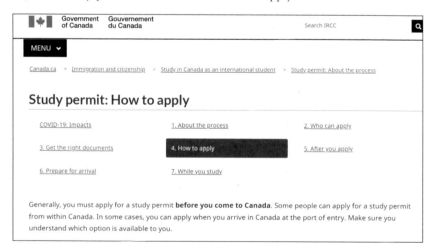

Services and information

My application
Sign in or create an account, check application status and processing times, find forms, pay fees, learn about medical and police checks, learn about representatives and protect yourself from fraud

Immigrate
Find out what immigration programs you can apply for, sponsor your family and use a representative

Study
Apply for or extend a study permit or student work permit

New immigrants
Get a permanent resident card, find immigrant services in your area, apply for citizenship and learn about your first tax year in Canada

Visit
Find out if you need a visa to visit, do business or transit through Canada, and how to extend your stay as a visitor

Work
Apply for or extend a work permit, learn about International Experience Canada and being a caregiver, get your credentials recognized, and hire foreign workers

Citizenship
Apply for, resume or give up Canadian citizenship, prepare for the citizenship test and get proof of citizenship

Canadians
Get a passport, sponsor your family or a refugee, get proof of citizenship, travel and work abroad, adopt a child from abroad, and take part in citizenship celebrations

Most requested

- COVID-19: how it's affecting our services
- Sign in or create an account to apply online
- Check your application status
- Check application processing times
- Find an application form
- Pay your fees
- Find out if you need an eTA or a visa to visit Canada
- Have questions? Find answers in the Help Centre

iv.) 進入 Study permit 頁面，選擇 4. How to apply

Government of Canada / Gouvernement du Canada

Search IRCC

MENU ▾

Canada.ca > Immigration and citizenship > Study in Canada as an international student > Study permit: About the process

Study permit: How to apply

COVID-19: Impacts | 1. About the process | 2. Who can apply

3. Get the right documents | **4. How to apply** | 5. After you apply

6. Prepare for arrival | 7. While you study

Generally, you must apply for a study permit **before you come to Canada**. Some people can apply for a study permit from within Canada. In some cases, you can apply when you arrive in Canada at the port of entry. Make sure you understand which option is available to you.

v.) 在 網 頁 下 部「Where are you applying from?」 選 擇「Outside
Canada」；「How do you want to apply?」選擇「Online」，再在底
部 click 「Use our new application to apply」，使用新的 IRCC Portal
申請 Study permit。

Get specific instructions on how to apply

Answer a few questions to get the next steps for your situation.

* Where are you applying from? (required)

◉ Outside Canada

○ Inside Canada

○ At a port of entry

* How do you want to apply? (required)

◉ Online (required, unless exempt)

○ On paper

Step 5: Create your online account or sign in

ℹ **Try our new online application**

We're testing a new online study permit application. It's now available for **some** applicants.

Use our new application to apply

You need an account to apply online. You can use your account to:

- pay your fees
- submit your application
- check your status

Create an account or sign in

If you need an eTA or visa

If you need an electronic travel authorization (eTA) or visa, we'll issue it automatically at the same time as your study permit. You don't need to apply separately or pay another fee.

Next: After you apply →

Step 2: Sign up IRCC Portal

i.) 在新頁面選擇「Sign up and apply」

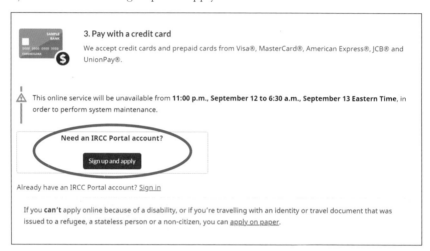

ii.) 在下一頁以 email 申請 IRCC Portal 的新戶口

Get an IRCC Portal account

To start, enter your email address below.

This helps create an invitation code that you'll need to sign up for an account.

Email address

Confirm your email address

Get invitation code

Already have an IRCC Portal account? <u>Sign in</u>

iii.) 登入頁面後，會顯示用戶之前的申請紀錄，先選擇「Apply for visit visa, transit visa or a study permit」

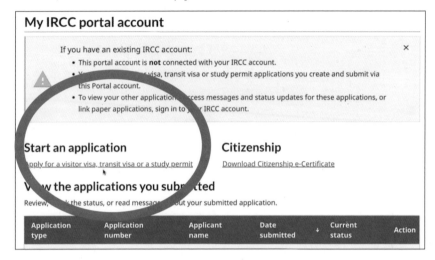

iv.) 下一頁會再提醒申請者申請的資格及當準備的文件。其中較重要的提示，是系統只會保留申請者資料 60 天，如果在 60 天內未交齊文件，如入學信、Letter of Explanation 等文件，便要再重新申請。了解完本頁的提示，便可選擇「Start application」。

- The questions will be based on what you're applying for and your situation.
- Review your answers
  - You can modify them if you need to.
- Upload your documents
  - After you answer all the questions, you'll get a list of documents you need to upload.
  - You need electronic copies in either the .tiff, .jpg, .png, .doc, .docx or .pdf format.
- Pay your fees
- Submit your application
  - You have **60 days** (from when you start your application) to submit a complete application.
  - After 60 days, the system deletes your information.

☑ I acknowledge that I've read and I understand the above information. I'm ready to start my application.

Start application →

Step 3: 填寫基本資料

i.) 第一個頁面，是關於申請入境的人數。假設申請人計畫帶家人入境，問到「Do you want to apply for more than 1 person」時，便應選擇「Yes」，否則填「No」便可。

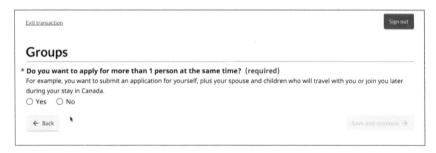

ii.) 下一頁是關於申請人的入學資料，包括 SP 申請的年期（超過 6 個月），而「Tell us more about what you'll do in Canada」 一欄，需填上修讀學校及學科名稱，與及修讀日期。例如：「I will study in Centennial College for Fall 2022 (Software Engineering Technician-2 year Diploma) from Sept2022 to Dec2023」 iii.) 順帶一提，雖然修讀的是兩年的課程，但預算畢業的日期通常會少於兩年，因為授課比較密集，加上放棄暑假，所以學生都能在一年半之內完成課程。

iv.) 之後是填寫進入及離開加拿大的日期。保障起見，最好是開學前 30 日入境。至於離境日期，亦可填寫畢業後 30 日較合理。

v.) 下一頁會再提醒申請 SP 需要的證件，當中特別需要的是「有效的」護照。所謂「有效」，不單要確認護照在離境後半年內仍有效，更應該確認護照在整個學簽期有效。否則護照在學簽期間失效，便會帶來極大麻煩。

vi.) 另外，DLI 認可學校的取錄信（acceptance letter）也是必須的文件。
至於學費的收據，與及在加拿大留學的足夠生活費憑據（例如銀行
戶口結餘等證明），也要準備妥當。

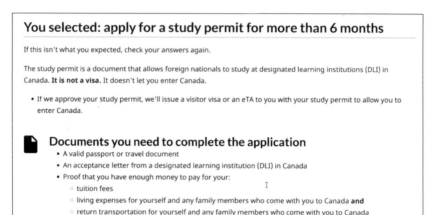

You selected: apply for a study permit for more than 6 months

If this isn't what you expected, check your answers again.

The study permit is a document that allows foreign nationals to study at designated learning institutions (DLI) in Canada. **It is not a visa.** It doesn't let you enter Canada.

- If we approve your study permit, we'll issue a visitor visa or an eTA to you with your study permit to allow you to enter Canada.

Documents you need to complete the application
- A valid passport or travel document
- An acceptance letter from a designated learning institution (DLI) in Canada
- Proof that you have enough money to pay for your:
    - tuition fees
    - living expenses for yourself and any family members who come with you to Canada **and**
    - return transportation for yourself and any family members who come with you to Canada

vii.) 下一頁會問到你是否代他人填寫。如果你同時要幫家人申請 SOWP
（Spouse Open Work Permit）便選 Yes，否則選 No 便可以繼續。

Government of Canada　Gouvernement du Canada

Exit transaction　　　　　　　　　　　　　　　　　Sign out

‹ | Purpose | Personal details | Application | Activities | Security questions | Medical history | Family infor | ›

Representative

* **Are you applying on behalf of someone else?** (required)
If you're preparing an application for someone else, you're a representative. To be someone's representative, you must provide the right forms to show you have their permission to handle their application for them.

○ Yes　○ No

← Back　　　　　　　　　　　　　　　　　Save and continue →

viii.) 再後面便開始填寫個人資料及旅遊證件的資料。

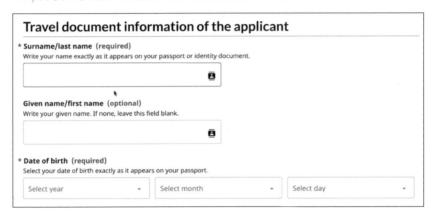

ix.) 填寫完個人及旅遊證件資料後,繼續會查詢你過去 5 年內,曾逗留超過 6 個月的地方。先按「+Add」鍵,然後逐項填寫。

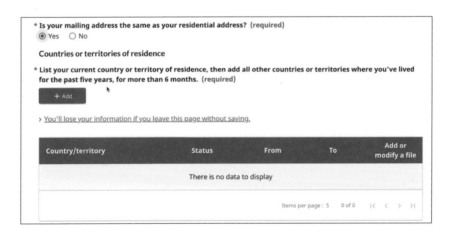

ix.) 填寫完外遊履歷，網站會詢問你曾否做「生物認證」（Biometrics），即是留指紋紀錄。如果未做只要填「No」，當完成申請後，便會向你徵收生物認證費。

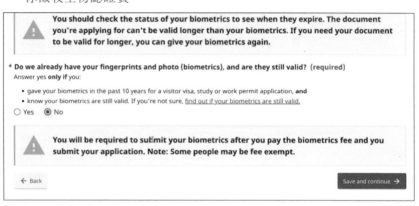

Step4：報讀學校資料

i.) 網站會先問你有關取錄學校的資料。首先選擇已有取錄信 （letter of acceptance ） ，之後問關於美國公民的申請，如適用的話選擇「None of the above apply to me」。「Level of study」如報讀的是 2 年 Diploma 課程的話，選「College-Diploma」。至於學校的 DLI 號碼，可在取錄信或相關網站查到。

Application for a study permit

Details about your intended study in Canada

* **Type of study permit** (required)
  - ◉ I have a letter of acceptance from a designated learning institution
  - ○ I am applying for an open study permit

* **Which of the following applies to you?** (required)

  ✓
  - An officer of the United States Immigration and Naturalization Service or of the United States
  - An American member of the International Joint Commission.
  - A United States grain inspector.
  - A United States government official, with an official United States passport, who will undertake
  - Family member of any of the above
  - None of the above apply to me.

* **Designated Learning institution (DLI) number** (required)
  - The DLI number can be found on your letter of acceptance.
  - A DLI number starts with an uppercase letter "O" and is followed by 11 or 12 numbers. Example: O123456789101
  - Primary and secondary school students don't need a DLI number. If you don't have a DLI, enter "NA".

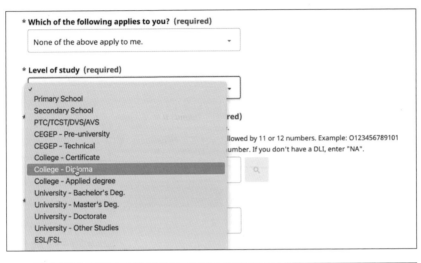

* **Which of the following applies to you?** (required)

None of the above apply to me. ▾

* **Level of study** (required)

✓
Primary School
Secondary School
PTC/TCST/DVS/AVS
CEGEP - Pre-university
CEGEP - Technical
College - Certificate
College - Diploma
College - Applied degree
University - Bachelor's Deg.
University - Master's Deg.
University - Doctorate
University - Other Studies
ESL/FSL

...red)

...llowed by 11 or 12 numbers. Example: O123456789101
...umber. If you don't have a DLI, enter "NA".

---

* **Level of study** (required)

College - Diploma ▾

* **Designated Learning Institution (DLI) number** (required)
  * The DLI number can be found on your letter of acceptance.
  * A DLI number starts with an uppercase letter "O" and is followed by 11 or 12 numbers. Example: O123456789101
  * Primary and secondary school students don't need a DLI number. If you don't have a DLI, enter "NA".

* **Name of school** (required)

Address of school

ii.) 只要 DLI 號碼及校名正確，學校地址等資料便會自動輸入。你要輸入的，是修讀課程的資料及修讀年期。所有資料都可以在取錄信中找到。

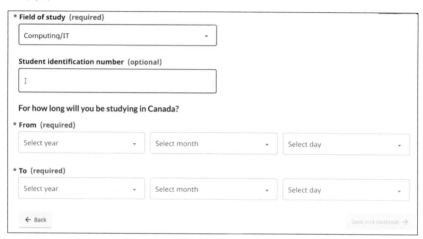

iii.) 下一頁是填寫學費、住宿及生活費用等資料。在 Tuition Fee 一項，填上整個課程的學費。注意如果取錄信只標示一年的學費，兩年課程便要自動乘二。Room and board 及 Other，是留學加拿大的住宿及生活費，可參考本章 2.1 準備篇的「留學預算開支」填寫。

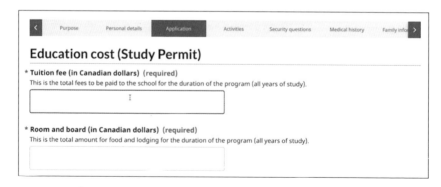

iv.) 之後在「Funds available for stay in Canada」一欄，謹記填寫的銀碼一定要比之前三項使費總和要大。例如前三項合共 CAD 50,000，保險的做法本欄應填 CAD 55,000。而「Who will pay for all your expenses in Canada」填「Myself or Parents」即可。至於下一題問的「financial support」，指的是不同的獎學金。如果沒有，填「No」即可。

* **Funds available for stay in Canada (in Canadian dollars)** (required)

55000

* **Who will pay for all your expenses in Canada?** (required)

Myself or Parents

* **Are you receiving financial support for your studies?** (required)
○ Yes ◉ No

← Back   Save and continue →

v.) 下一頁問是否須要同時申請工簽（work permit）以參加課程提供的實習（Co-op）。許多公立學院的課程都有一個或半個學期須要往公司或機構實習，通常取錄信都有清楚列明。如須實習，下一題便選擇「Post-secondary co-op work permit」。如果工簽批出，表示你在留學期間，可以每星期工作超過 20 小時。

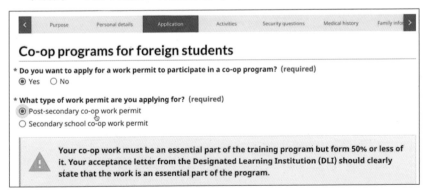

Purpose Personal details **Application** Activities Security questions Medical history Family infor

Co-op programs for foreign students

* **Do you want to apply for a work permit to participate in a co-op program?** (required)
◉ Yes ○ No

* **What type of work permit are you applying for?** (required)
◉ Post-secondary co-op work permit
○ Secondary school co-op work permit

⚠️ Your co-op work must be an essential part of the training program but form 50% or less of it. Your acceptance letter from the Designated Learning Institution (DLI) should clearly state that the work is an essential part of the program.

Step5：學習及工作紀錄

i.) 下一頁會問關於申請人大專及工作紀錄。假設申請人剛中學畢業，未曾升上大專及工作，便可以在有關問題全部選擇「No」。

Post-secondary education history

* **Have you ever studied at a post-secondary school (university, college or vocational school)? You don't need to have completed a degree or diploma. (required)**

○ Yes　◉ No

Work/activities history

Military/police history

* **Did you serve in any military, militia, civil defence unit, security organization or police force (including non-obligatory service, reserve or voluntary units)? (required)**

○ Yes　○ No

---

ii.) 就算申請人從未工作，也要在「Give details of all your employment and activities since the age of 18」一欄填寫有關資料。假設申請人今年19歲，首先按「+Add」，選擇日期（假申請人 2018 年 1 月 18 歲生日），再選「Ongoing」，之後選擇「Unemployed」，至於地址便寫回申請人香港的住址。

---

* **Give details of all your employment and activities since the age of 18. (required)**

Do not include any entries that you already put for post-secondary education or military/police history (if that was your only occupation at that time). For all other periods of time, you need to enter an occupation or activity. Don't leave any other gaps.

> ⚠ **Select "Government position" if you've worked as a civil servant, judge, mayor, Member of Parliament, hospital administrator, or employee of a security organization.**

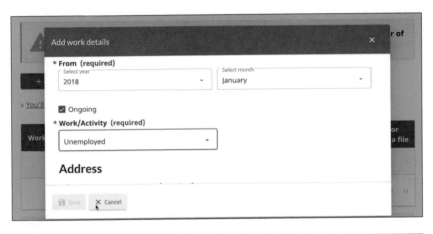

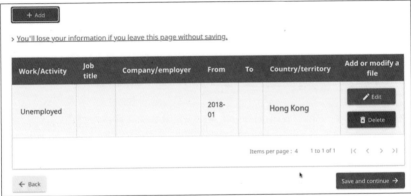

Step6：外遊、犯罪紀錄及其他

i.) 下面幾頁版面，分別要求申請人填寫 18 歲後的外遊紀錄、曾否非法入境加拿大及其他犯罪紀錄，只要如實作答即可。

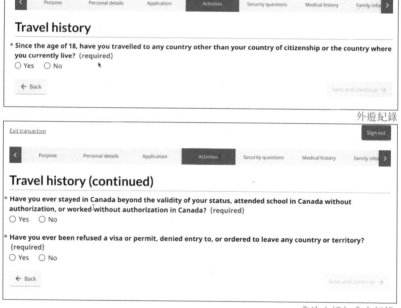

外遊紀錄

非法入境加拿大紀錄

犯罪紀錄

ii.) 下一頁會詢問申請人的健康狀況。假如申請人已在 IRCC 認可的診所驗身，可以填「Yes」並按驗身報告的內容填寫下部的資料，否則可以填「No」，繼續下一頁的提問，包括過去兩年曾否患上肺結核、曾否與肺結核病人緊密接觸、甚至曾否酗酒等。

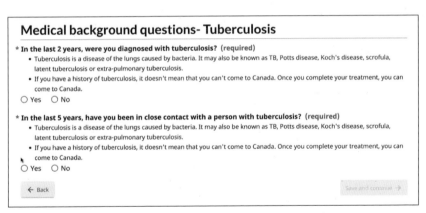

iii.) 下一部分是關於申請人的家庭狀況，包括單身或已婚、伴侶、子女及父母的資料，只要如實作答便完成。

可以按「+Add」分別填寫子女及父母的資料。

iv.) 下一頁是關於與申請人聯絡的資料，包括聯絡的語言（英／法文）、申請人電話及電郵。由於 IRCC 主要是以電郵溝通，就算申請人未有加拿大的電話號碼，填上香港的亦沒有問題。

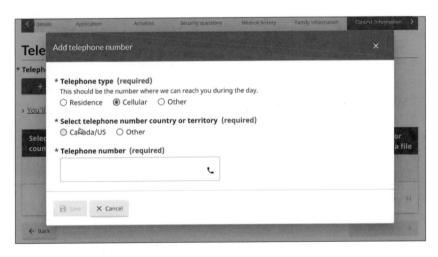

v.) 下一頁便是 Summary ，列出申請人填寫的各部分。申請人應該每部分都開啟查閱，確保資料無誤。

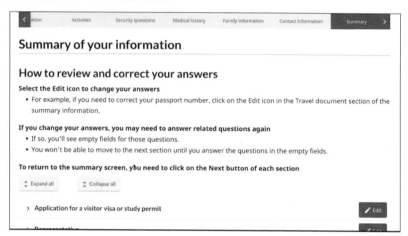

vi.) 最後就是上載文件，分為「Supporting documents」及「Optional documents」兩大類。「Supporting documents」包括有 Transcript(proof)（例如 DSE 成績單）、Letter of acceptance 及 Official letter from school（由取錄學校發出）、Passport/travel document（護照有照片及印章的頁面）、Funds(proof)（申請人及父母最近 4 個月的 Bank Statement，確保有足夠金額支付在加拿大的生活費）

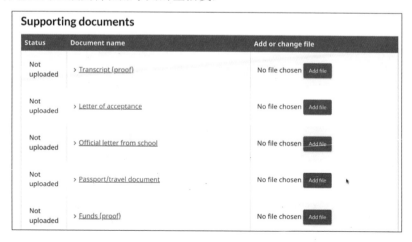

「Optional documents」部分則包括 Consent personal information 及 Additional documents。其中 Additional documents 部分可上載申請人的「Letter of Explanation」，清楚顯示申請人留學的目的及計劃，隨時是學簽會否被批出的關鍵。

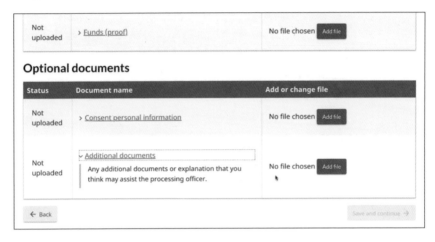

vii.) 完成上載後及付款後，大約 4-12 周，申請人便會被通知批核的結果。

【學簽申請詳細視頻】

https://youtu.be/fJ7O4FhXNeQ

以上流程僅作參考，申請學簽網站版面會隨時改動，敬請留意。

學簽必備文件

1.) 銀行戶口資產證明信

可用於證明及説服 IRCC，申請人有足夠的財政能力，以支持申請人在加拿大的學費以及生活費。如個人的財政能力不足以支持自己在加拿大的各項費用，例如年齡較輕的學生，可提供父母或親友的銀行戶口資產證明信及家人的支持信，清楚説明父母或親友會提供財政支援。

2.) 檢查護照的有效期

護照有效期或會影響學簽所批出之有效時期，護照有效期應橫跨整個學簽時期，即是如果申請兩年學簽，出發前應確認護照起碼尚有兩年或以上的有效期。

3.) 驗身報告

須在指定的診所，預約加拿大學簽驗身。加拿大指定香港體檢中心為 UMP 聯合醫務中心，詳情可瀏覽網站 https://www.ump.com.hk

4.) 學校取錄信

申請表有六十天的時效，只要在此時效內，完成申請過程則可。建議在等待學校取錄信期間，開始準備相關的文件以及填寫申請表。在收到學校收錄信後，立刻提交申請，以加快申請學簽的時間。

5.) 加大信用卡限額

為支付學校保證金或學費住宿費等之用途作準備。

IV. Letter of Explanation
撰寫技巧及樣本

Letter of Explanation 並不是申請學簽必要的文件，但強烈建議申請人提供此文件，以增加學簽批出的機會。這文件的作用是說服審批人員，以及提供基本資料作參考。在準備此文件時邏輯性是很重要的，而文章必須符合前文後理，以及提供基本資料作參考原因，以批出學簽。

在 Letter of Explanation 中，可提及：
- 為何希望到加拿大讀書；
- 為何選擇此學校及課程；
- 為何希望在加拿大讀書而非在香港或原居地就讀相同課程；
- 在完成此課程後，可為你未來回港或回到原居地生活帶來什麼改變；
- 一些你與香港的聯繫，在完成課程後會回到香港生活。

謹記，在此信件中不用提及過多無關的資料，應以簡潔及正式有禮的文法完成此信件。當中提及的內容必須為事實，切勿提供錯誤或隱瞞任何資料，切勿抄襲其他人的文章。文章長度約 2 頁（500-600 字）內，可使用標題作分段，以總結為文章結尾。

Checklist for Letter of Explanation

1. Study Plan
❖ Short introduction of yourself
❖ Why do you choose to study in Canada?
❖ Write about the college and the program (e.g George Brown - Early Childhood Edu)

* Why are you not pursuing a similar program in Hong Kong? Why is Hong Kong education not good for you?
* What are the overall educational goals that you pursue?
* Explain the reasons for selecting the college for admission. Here, you can provide information regarding features of the program being offered, e.g. mention the specific courses and lectures that you think will benefit you.
* How the education you get here will contribute to HONG KONG in the future?
* Are you planning to run a business in Hong Kong that would require you to acquire knowledge from this course?
* Are you planning for a career change in Hong Kong, after graduation from this course? What are the opportunities you see in Hong Kong?
* Is this program going to give you an opportunity to progress in your current career in Hong Kong? E.g. a promotion and higher salary, if so, describe a bit of your work

2. Ties to Hong Kong

* Your families and ties, your assets in HK; properties, career opportunities in HK, support letter from current employer etc.

3. Immigration status (if applicable)

* If you currently are not living in Hong Kong (e.g. you are currently in UK) explain your legal status in that country and provide a copy of your immigration status.

4. Travel history (if applicable)

* If you travelled to other countries before, provide a summary

of your travel history to demonstrate your compliance with the immigration rules

5. Additional documents (if applicable)

❖ Previous transcripts;

❖ Provide details of your education history: dates when the course started and ended, name and address of the school, the course taken, qualification, degree or certificate awarded for the course.

❖ Support letters from your employer or family members (if they provide financial support. E.g. parents are supporting your tuition fees, and your aunts who live in Toronto will provide accommodation for free)

6. A summary of all the additional documents at the end of the LOE

What NOT to include in your LOE?

❖ DO NOT lie or provide false information in documents

❖ Your family background and history

❖ Informal language or wordings and repetition of words or phrases

❖ Irrelevant info

❖ Don't make vague statements and give demonstrative examples of professional competence and academic brilliance.

Common Mistakes (can lead to rejection)

❖ Copying from online or a friend (same officers from Hong Kong office, they have viewed many letter of explanation)

❖ False statement or inaccurate information, forged documents or signatures

- ❖ Being too casual or direct
- ❖ Not giving yourself enough time for student permit application
- ❖ Writing too much about your childhood
- ❖ Repetitive sentences or words

Writing tips for a good LOE

- ❖ Prepare a checklist of what you want to write about, do a couple of drafts for editing and reading;
- ❖ Length should be around 500-600 words (within 2 pages, not including the additional letters/documents)
- ❖ Clear and simple language must be added to make the content understandable.
- ❖ No need to use APA style, font 11 or 12 is acceptable;
- ❖ Use headings e.g. purpose of studies, travel history etc.;
- ❖ Insert page numbers on your letter of explanation;
- ❖ Enclose a summary of your supporting documents at the end of your letter.
- ❖ Say thank you at the end of your letter

**Letter of Explanation Reference
(The University of British Columbia)**

**Letter of Explanation Reference
(Northeastern University)**

附錄 1：赴加前終極準備清單

類別	清單	已完成
健康	準備少量平時常用的藥品放在行李	
	如果有長期病患，建議預備二至三個月的份量的常用藥，人在異地未必容易找到合適的家庭醫生	
	如需要，安排香港醫生寫一封英文介紹信，講述你現在病況，方便加拿大的家庭醫生繼續跟進或替你安排專科跟進	
	備用眼鏡或隱形眼鏡、洗牙、補牙（加拿大比較昂貴）。預備少量冬天衣服	
工作	建立你的 LinkedIn 戶口，準備好個人履歷表	
	向現有僱主索取 Portfolio 和 Reference Letter	
稅務	• 辭職後到稅局清稅，以證明會長期離港。離職前一個月，要求公司 HR Department 填寫 IR56G（由僱主填報有關其僱員行將停止受僱的通知書），之後再攜此表格往稅局辦理清稅手續。 • 親身到稅局前請留意和準備以下清單：https://www.ird.gov.hk/chi/pdf/ir6158c.pdf	
房屋	• 如香港有物業又未賣出的話：無論將來自住或者出租，應先安排做物業估價（估價文件必須為英文版），留待將來賣樓後，在該課稅年度報增值稅之用（加拿大為稅務日期為 1/1-12/31，並規定於翌年 4/30 前全部報上）。 • 如房屋為自住的話，將來在加拿大購買的房屋就不能定為自主。	
	可考慮往 AirBnb 或 Kijiji 等網站預訂住所，或聯絡學校安排住宿（部分學校提供支援）	

財務	安排現有香港保險的去留	
	兌換少量加幣現金，保留和帶備香港信用卡作不時之需。攜帶 CAD 1 萬以上入境需向海關申報（無論現金或本票） https://www.cbsa-asfc.gc.ca/publications/forms-formulaires/e311-eng.pdf	
	留意學校所提供的醫療保險是否足夠，如有需要可在出發前加保	
	將所有 MPF 戶口綜合至一個戶口，方便日後提取	
其他	購買機票	
	安排轉換香港電話 Plan，建議保留號碼，改用最平的計劃	
	• 申請郵件地址轉寄服務，或把郵寄地址轉到其他在港家人 （水電煤、銀行、保險、差餉、電訊等等） • 取消所有收費電視和互聯網、水電煤氣等等	
	• 尋找船運公司，計算需運多少箱行李來加拿大 • 建議電器、傢俬、廚房用品不需帶來加拿大，因為電壓不同、新屋大小不同，未必適用，除非電器電壓可支援 110v（例如台灣或日本電器），由於變壓器很重、所佔面積大和浪費電力，最好不要帶來加拿大	
	如有寵物同行，要打齊防疫針，並向航空公司及中加兩地移民局了解出入境安排	
	申請免費網上的加拿大電話號碼，以便與 IRCC、未來的僱主、學校等等聯絡。這些電話號碼讓你可在香港免費打電話到加拿大，和接通加拿大的電訊商。留意電話號碼要不定時使用，否則有機會被刪除	

如任何證明文件沒有英文譯本，需要在離港進行翻譯和公證。(例如國內出世紙、國內學歷證明書等……)	
準備一式兩份將帶入加拿大的所有物品清單。 這份清單主要分為兩部分。 第一部分為隨身攜帶的物品 (i.e. Goods bringing with you)；而第二部分為要跟隨的物品 (i.e. Goods to follow)。詳細參考：https://www.themaplecouple.com/post/goods_to_follow	
隨身準備出世紙、畢業證書、成績表、獎狀、結婚證書、英文醫療報告、針卡、學校收錄信件、SP、COWP、minor SP Letter 等等	
• 如在港本身有駕駛執照，可申請國際車牌 (不同省份有效期不同，例如安省為兩個月)，如香港車牌即將到期，儘早更換 • 申請駕駛執照證明正本 (form name: TD 320 運輸署)：https://www.td.gov.hk/filemanager/common/td320_(8.2018)_e-fillable_chi.pdf • 在安省，申請 TD 320 可協助你完成 G1 筆試後，直接考 Full G License (一次機會) • 保留香港的車保 NCB 記錄 (加拿大買車時作參考之用) • 更多詳細資料：https://www.themaplecouple.com/post/driving_in_canada_2	
準時交學費	
留意取錄信上的實際開學日期和學科開始註冊日期	
與學校安排機場接送	
留意 Orientation Session 和 International Information Session 日期和安排	

到達加拿大後儘快辦理事項：

1. 申請學校 Student Card

2. 開銀行戶口和信用卡，建立將來非常實用的 Credit Score

3. 隨身攜帶學校提供保險卡

4. 向學校更新你的電話號碼、地址等

5. 下載購物 App: Costco, Tim Hortons, Walmart, Flipp, Yelp, Shoppers Drug Mart, PC Optimum（儲分），Kijiji, Uber Eats, Home Depot,Shell, Esso, Starbucks, Wayfair, Canadian Tire, Ikea 等。Flipp 為 Flyers App, 可以看到每周不同牌子的優惠

6. 應考駕駛筆試和路試

7. 到 Dollarama 購買較平宜又具 Data 的電話卡，不受合約限制： https://www.luckymobile.ca/support/phone/sim-card-dollarama

8. 小朋友入讀公立學校，需要家長親自致電 School Board，約時間做註冊登記和為小朋友做英語評估

附錄 2：大齡學生學簽奮戰記

雖然往加拿大留學理論上是沒有年齡限制，但眾所周知，假如申請者是「大齡學生」（約 40 歲以上），獲批學簽的機會絕對比「小朋友們」（30 歲以下）要低。假如你有志中年挑戰新環境，離開安適區另闢新天地，申請學簽時宜注意以下事宜：

1. 選擇與個人背景相關連的課程

與剛剛高中或大學畢業的學生不同，大齡學生通常已在職場打滾了十多年，再次回到學校，較合理的設定是透過進修令事業邁向新境界，所以選擇的不宜是以往大專時已經進修過的，而是對自己未來事業或是做生意等有幫助的課程，即使只是 Diploma 課程也可。相反，大齡學生如果選擇錯誤的課程，大有機會被視為「倒讀」。雖然這些課程對於部分朋友來說，可能不算是學歷很高的課程。但大齡學生可把以往的工作經驗融合課堂的知識，對畢業後的事業發展帶來幫助。

2. 做好語言準備

大齡學生要學簽獲批，準備功夫難免比適齡學生要多，其中一項就是儘早考獲英語資格。無論是雅思、Duolingo 或托福考試，盡量爭取較高的分數，是取錄的最佳保證。

3. 合理的收入準備

申請學簽需要註明有足夠的資金支持留學生活，這方面對財政獨立的大齡學生絕對是優勢。

4. 切忌顯示移民傾向

雖然部分大齡學生留學的終極目標是移民加拿大，但切忌在申請學簽的解釋信上顯示此「心願」。反而要有清晰的學習計畫，令審查的人員可以了解留學生的背景、選擇留學專業的動機，與及對未來事業發展的幫助。

對於學簽的審查人員而言，大齡學生「是否有留學的必要」及「是否有繼續學習的能力」是他們最關心的問題。只要在解釋信能提供滿意的答案，獲批學簽的機會自然大增。

第三章
加拿大留學實戰

3.1 校園支援

各大公立學院都會提供支援，協助國際學生的校園生活更具意義和充實。不同學院所提供的支援大同小異，一般來説包括以下：

1.) 抵達加拿大支援

機場接送服務

部分學校在開學前於機場擺設攤位，協助學生在到達加拿大後，提供交通服務前往宿舍。

學校宿舍及 Homestay 配對服務

大部份學校宿舍位於校園內或附近，同學可以節省上學交通時間，亦可以結識同校的同學。不選擇居住學校宿舍而選 Homestay（寄宿家庭），也是一個文化交流的好渠道，不但可以在當地人的家生活，了解當地的文化以及生活習慣，亦有助同學加快融入加拿大的生活。部份 Homestay 會提供膳食，對於年紀較輕的同學，會是一個好選擇。

迎新大會

在迎新大會中，不但可以了解學校的環境，更可以認識同期的同學。可以結伴遊歷及體驗新生活。

校舍之間的專巴接送

部份校園有多個校舍，學校會提供專巴接送服務，方便同學來往各個校舍。

2.) 財務支援

獎學金

學校提供各類型的獎學金計劃，只要同學符合要求，即可獲得各類型的資助，以減輕同學的負擔，可以專心學習。

學生借貸

學校提供各類型的借貸，以減輕同學的負擔。

特別助學金

只要同學符合助學金要求，學校會提供助學金供合資格的同學。

3.) 校園設施

運動設施和音樂設備

校舍有各類型的運動和音樂設備供同學使用,平衡學習與課餘的生活。

學術支援 : Course Planning

學校有學術支援顧問提供 Course Planning 服務。同學可以在學術支援顧問提供專業意見及協助下,為自己的課程作最好的計劃。

數學和英語的評核測試

由於部份課程有 Pre-Register 的要求,只要同學通過學校的評核測試,則可以免除 Pre-Register 的科目,直接入讀該科目。

英語輔導班

學校為國際學生提供英語輔導班,讓同學在加拿大的新環境下,學習英語。

心理輔導和壓力控制輔導班

國際學生在適應新生活及學習環境下，或會有各方面的心理壓力。學校提供輔導班，讓同學可以在專業人士的協助下，順利融入加拿大的生活。

4.) 求職支援

求職面試準備

學校集合畢業生的面試經驗，整合及分類各行業的面試要求，讓同學參考，在面試前作充分的準備。部分學校提供同儕面試練習（ Peer Interview），讓同學可以在正式面試前作練習，同學間互相學習面試技巧，了解從求職者及面試官的角度對待面試，從中學習及作充分的準備。

個人簡歷的預備和修改

學校提供簡歷樣本以供同學參考，亦可讓國際學生了解加拿大職場的履歷要求。學校提供求職顧問，協助同學修改履歷以符合加拿大僱主的要求，增加獲得面試的機會。

學校校內求職內聯網

求職顧問會與校外企業連結，為學生提供職位，協助學生在校外尋找工作機會。此外，學校亦會聘請學生擔任校內的職位，如課程顧問助理等，讓學生可以在讀書期間獲得經驗，大大增加畢業後的競爭力。

3.2 學習文化與要求

1.) 上課文化

- 講求學生的自覺及自主學習
- 以分組形式進行各類型的課堂討論活動及小組報告作功課
- 教授鼓勵學生發表自己意見，即使與教授和課堂的內容有矛盾，亦可發表意見，一起討論有關內容
- 教授喜歡學生直呼自己的名子，而不是其他的名稱。教授都十分友善，喜歡和學生打成一片。有時候可以和教授討論自己的前途問題，更有些教授會為使用自己的網絡，協助有潛質的學生，提供機會，發展事業
- 大部份的課程，都有各類型的範疇，作課程的評分準則。各項的分數佔總分的比例亦較為平均，較少情況出現某一項的分數佔總分的大部分。即使學生在某一方面失手，亦有機會有其他方面追回分數，取得好成績
- 教授注重學生的參與度，很多時候課堂參與度亦是評分的準則之一

2.) 學校要求

- 不同學校對學生的英語水平有不同要求，如未能取得此成績，學校會要求學生入讀 ESL （English as second language） 的英文課程。ESL 的課程分為說、讀、寫及文法班，目的為增強同學的英文水平外，更會加入不同的加拿大文化及歷史，以及你的國家文化等內容。在學習英文的同時，亦可了解加拿大及各國的文化。
- 提交的功課，必須為學生自己原創的作業，切勿抄襲。如同學在做功課的過程中有任何困難，或因某種原因未能在限期前完成功課，通常可以和教授聯絡，向他說明你所遇到的困難。只要有合理原因，教授會酌情處理。抄襲是極為嚴重的行為，加拿大是講求個人誠信的國家，所以切勿抄襲
- 做功課時所使用的參考資料亦須註明資料來源，以防被視為抄襲

3.) 學校文化

- 學校或會有各國的國際學生。學校亦會舉行不同國家文化的活動，促進文化交流，擴闊學生的視野

3.3 留學生如何合法兼職

每位持有正式學簽的國際學生，都可以申請在加拿大合法地工作。留學生兼職不但能賺取學費及生活費，也是融入當地社會的途徑。憑學簽在加拿大工作，要符合以下條件：

1.) 擁有 SIN

在加拿大無論從事什麼工作，都要擁有社會保險號 Social Insurance Number（SIN）。除了加拿大公民，就算你以簽證入境，從事工作假期、打工遊學、全職工作或留學，都需要申請 SIN 號碼，讓政府記錄你的收入、稅務以至各樣福利補助。即或你留學期間不打算做兼職，假如課程有提供職場實習（Co-op），也需要有 SIN。

申請 SIN，你必須持有有效的 SP（Study Permit）、是學校的 Full Time Student、學校屬於 DLI 的認可名單中，以及學生就讀的年期要達半

年以上。SIN 可直接在網上申請，網址：https://www.canada.ca/en/employment-social-development/services/sin/apply.html#online 申請前要準備學簽及護照的電子檔案，與及加拿大住址證明。填妥表格及交齊文件，約 20 天左右便收到確認信，獲得你的 SIN。

國際學生的 SIN 是一組 9 個數字，裡面會有學生姓名、出生日期、出生地方及父或母的名字（由申請人提供）。此號碼是你在加拿大生活的重要文件，記得妥善保存。順帶一提，SIN 是你到達加拿大及學期開始後才可以申請，嚴禁重覆申請或代他人申請。

2.) 工時限制

縱使擁有 SIN，留學生兼職的工作時間仍有一定限制：
- 必須於學期開始後才允可工作
- 每週的工作時間上限為 20 小時
- 寒暑假期每週工時可延至 40 小時
- 假如學生轉校或停學，便不能繼續工作
- 語言學校學生不允可工作

3.) 尋找兼職渠道

所謂近水樓台，如果入讀的學院有廣闊園區，可以先由校內開始尋找兼職機會。通常校內的咖啡廳及餐廳，都恆常需要人手，重點是工作比一般文職辛苦。你也可嘗試到圖書館及學生事務處等機構，看看能否找到一些兼職文書工作。當然最理想是成為教學助理，不過這些熱門的職位競爭亦較大。

你也可嘗試在第四章的其他求職渠道中，尋找合適的兼職。

第四章
加國求職概略

香港作為亞洲的金融中心，很多的工作機會都源自金融業／服務業／零售業／旅遊業等。而加拿大除了這些行業以外，還有許多香港人未曾想過的工種可選擇，例如農業、建築業及礦業等等。在加拿大，很多所謂的「藍領」階級的工作收入堪比白領族群，工作機會也較多。

加拿大找工作容易嗎？

如果你只想找一份工作，不計較工種，在大城市是有很多工作機會的。身邊也聽過不少香港朋友，還未抵達加拿大前已經找到這裡的工作，也有些經我們報讀學校的同學，在抵加後很快找到不同的兼職幫補生活費。其中以零售、餐飲、裝修工作居多。要知道加拿大每個省份的最低工資都不一樣，以港人較受歡迎的省份為例，每小時的最低工資（Ontario：CAD 15.50; British Columbia: CAD 15.65; Alberta: CAD 15.00），折合港幣約 90 元一個小時。聽起來不錯。不過如果你想在加拿大找一份薪資職位與香港差不多的工作，可能就有點難度。

各省份最低工資

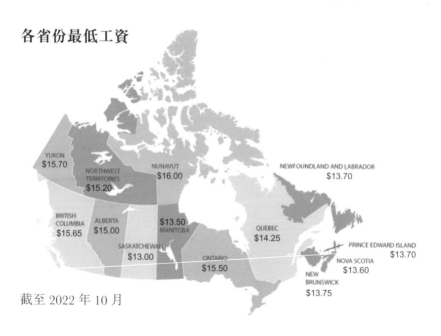

截至 2022 年 10 月

104

4.1 加拿大求職渠道

1.) 求職網站

加拿大有許多求職網，其中以 Indeed (https://ca.indeed.com/) 較為出名，猶如香港的 Jobs DB。求職者可以通過這個求職網尋找居家附近 / 適合自己背景的工作機會。 要知道加拿大是世界上第二大面積的國家，很多地方都需要開車才能抵達，所以離住處不遠的工作地點不僅可以節省通勤時間，也可以在交通費上省下一筆。

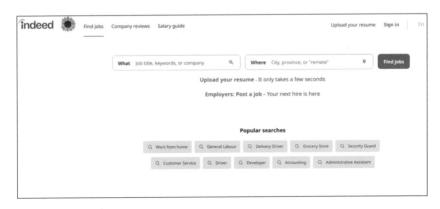

Indeed 除了會刊登自家網站的招聘廣告，也會搜尋其他網站合乎你求職心水的招聘廣告，就似求職界的 Trivago 一樣。網站也有提供一些在職人員 / 曾經應聘過的求職者對各公司的評分，以及一些職位的 expected salary 供求職者參考。

其他求職網推薦

Glassdoor https://www.glassdoor.ca/	除了求職資訊，網站亦允許企業的現任員工和前員工匿名評論僱主，令求職者能作最好的選擇
Monster http://www.monster.ca/	全球最大的求職網站，當你提交簡歷後，系統會立即向你推薦最佳的候選公司
CareerBuilder Canada https://www.careerbuilder.ca/	全球著名求職網站 CareerBuilder 的本地版本。除了求職資訊，也為求職者提供職業建議
Eluta.ca http://www.eluta.ca/	總部在多倫多的職位搜索引擎，連繫超過一萬個加拿大僱主網站，讓求職者直接與僱主接觸
Jobboom https://www.jobboom.com/en	魁北克最大的求職網站，並提供英法雙語服務。求職者也可主動刊登求職告示，連暑期工及實習也接受
Talent Egg https://talentegg.ca/	特別多適合應屆畢業生擔任的入門級職位，與及帶薪實習或暑期工作，是國際學生求職的最佳拍檔

2.) 政府 Job Bank 及其他政府資源

Job Bank（https://www.jobbank.gc.ca/home）是加拿大政府的官方求職網，公信力無容置疑，求職方式亦與 Indeed 或其他求職網相似。

此外，在加拿大有一些政府資助的新移民適應機構（i.e. Settlement Service）例如 YMCA，會有免費的求職服務提供給適合在加工作的人士（eligible to work in Canada）。這些機構介紹的工作主要是一些本地公司的簡單文書工作，或保安、清潔等的工作機會。這項服務最寶貴的地方，是有專人免費協助求職者撰寫 Review Resume 及 Cover Letter。有需要的求職者也可以在正式面試前，預約他們作免費練習，操練如何回答面試問題。對於一些離開工作崗位已有一段時間的人士，這樣的練習絕對可以提高自信心。

3.)Linkedin

與其稱 Linkedin 為求職網站，不如稱它為職場版的 Facebook。相信很多人都知道也已經在使用 LinkedIn，而身邊也有些人透過 LinkedIn，在還沒有抵達加拿大前就已經找到工作。一般的做法都是通過 LinkedIn 擴大自己在加拿大人際關係，和認識在加拿大與自己同行業的人，建立了所需人脈，這個對找工作有很大幫助。

此外，筆者也建議大家可以考慮嘗試 LinkedIn Premium Account（第一個月免費，之後每個月最便宜的收費是 CAD 34.99 起）。 雖然價錢不便宜，不過在找工作期間訂閱這用戶類型有以下好處：

• 可以發 InMail 給還不是自己 Connection 的用戶：筆者會用這功能發 InMail 給 Job Posting 上的 Hiring Manager，希望自己的 CV 可以得到他們的注意。

• Learning Platform：用戶也可以上一些自我增值的 Online Courses。這些課程有些是比較技術性的，其中也包括一些提升面試 / 溝通技巧的課程。

4.) 尋求獵頭公司協助

與香港一樣,加拿大也有獵頭文化,通常這些 Recruitment Consultant 會通過 Linkedin 聯絡他們覺得適合的人選,推薦給僱主取得面試機會(通常這些工作機會都不會公開在求職網上發布)。正在找工作的你,也可以主動出擊把自己的簡歷發給這些獵頭公司,讓他們在有適合你的工作機會時聯繫你。而加國不同行業通常會有專門的獵頭公司,例如:Lannick、The Mason Group 及 Robert Half 等等,有比較多金融 / 會計 /Admin/IT 方面的工作。

加拿大求職迷思

1.) 通過朋友 / 熟人介紹會比較容易找到工作嗎？

這個答案是絕對的。在加拿大有很多的工作在還沒有在求職網上發布前，就已經聘請了適合的人選，通常這些都是有人介紹或熟人推薦。通過相識的人介紹工作，至少可以跳過 HR 或 Robot 篩選 CV 的階段，更容易得到 Hiring Manager 面試的機會。

筆者在過去的一年裡曾經向現職公司投遞了幾份香港朋友的簡歷，他們很快地 （大約一兩個星期內） 就得到面試機會以及 Full time job offer，而香港人在加拿大的金融界找工作也絕對是佔有優勢的。

2.) 找工作時，Canadian Experience 是否很重要？

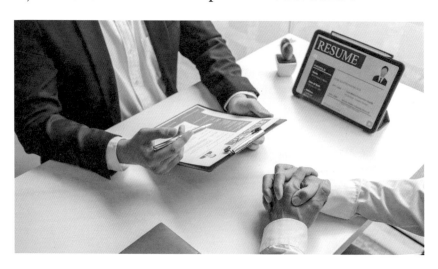

這是一個 「蛋先還是雞先？」 的問題。沒有得到加拿大的第一份工作，又如何得到 Canadian Experience 呢？之前有網站提出在加拿大找工作要有心理準備，自己以往經驗會被大打折扣，找一份比較 Junior 的職位

或許比較容易。然而，筆者有一次應徵了 Junior Level（有兩三年工作經驗要求）的工作，被 Hiring Manager 問：為什麼會申請一份與自己經驗與背景相差這麼大的工作，然後面試過後就收到了 Rejection Letter。

經過幾個面試所得到的整體感覺是：

- 如果自己的 CV & Cover Letter 能協助得到面試機會的話，面試你的人絕對了解你是沒有 Canadian Experience 的，所以面試的時候就儘量運用自己過往的經驗，告訴 Hiring manager 為什麼那份職位適合自己。

- 如果在香港的職位愈高（例如高級經理或以上），經驗會被打折扣的機率就愈高，而 Canadian Experience 就相對在這些高職位的工作機會上顯得更重要。主要是職位愈高，管理的不只是工作本身，也要承擔更多公司整體營運風險及人員管理的責任，所以了解加拿大當地的工作文化／商業環境／合規守則等是絕對必須的。

3.) 還沒有抵達加拿大，如何在沒有找到工作時增加自己的 Canadian Experience？如何在加拿大做回本行／找回跟本身差不多的職位？

- **持續進修，報讀加拿大大學／學院的課程。**在 Stream A 還沒有公布前，全世界已經有不少有興趣移民加拿大的人都會從唸書下手，在加拿大的大學／學院修讀 1-2 年的短期課程。除了可以更加認識自身行業如何在加拿大的運行，也可以趁機拓展加拿大人脈。

- **持有加拿大大學／學院的畢業證書除了會增加工作機會，也會為申請移民加分。**身邊也有不少透過我們報讀學校的同學在畢業後，經教授的推薦下很快得到加拿大本地公司的面試及工作機會。在這裡生活久了就會發現，很多人都會通過這個方式移民加拿大。之前筆者去洗牙時與 Dental Hygienist 聊天，她說自己在亞洲時是個牙醫，因

為想要移民加拿大，在加拿大學院修讀了個相關課程，現時在牙醫診所擔任 Dental Hygienist，向著牙醫的理想邁進。

- **<u>儘快考取相關加拿大證照 / 專業執照</u>。**這可以協助你找回本行 / 跟本身差不多的職位。在加拿大，不同的職位 / 工作都會有相對應的證照 / 專業執照要求，而並不是只限於律師或會計師等專業。身為歡迎移民的國度，加拿大政府長期有資助符合資格的 PR 與 Citizen 通過 Bridging Program 得到本地所需證照 / 專業執照，繼續移民前的工作。除了唸書，新移民也可以通過這些 Program 拓展自己的人脈。有興趣的朋友可以在網上搜尋各省份的「Bridging Programs for Immigrants」，看自己是否合申請資格。

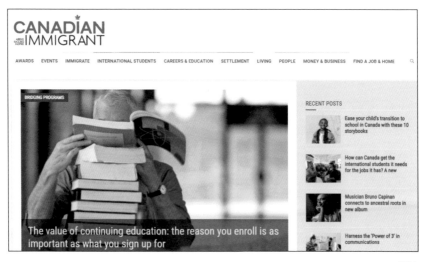

Bridging Programs for Immigrants 網站

4.) 合約工作機會是否沒有保障？

剛剛來到加拿大時候，自己的 CV 在機緣巧合下被一家獵頭公司的員工看中，通過與他們的對話了解到「Canadian Experience」的重要性。他們建議可以從合約工作（Contract Work）開始慢慢累積相關經驗。

合約工作通常短至兩、三個月，長的可能有一年，以工時計算（通常是原本員工放產假 / 公司暫時需要加配人手）。合約工作性質的優勢，是這些公司有很多都是大規模的上市公司或金融機構。但卻需要留意的是：這種合約工作通常沒有福利或休假，多勞多得（上班前記得與各人事部了解自己的合約條款）。也有很多公司在有 Permanent Headcount 前，會希望聘請合約員工看看是否合適，完成合約後也會有機會轉為 Permanent Position。所以剛開始在加拿大找工作可以從這種工作開始，累積工作經驗與人脈後，更好的工作機會絕對會找上門。

5.) 是否一開始在華人公司找工作會比較容易？

香港人在加拿大的華人公司有絕對的語言優勢，而且最近這些公司也有很多工作機會。但是倘若你英文程度較好的話，相信你的選擇不會只偏限於華人公司。因此，努力提高英文水平，絕對會協助你在加拿大更容易找到想要的工作，不用停留只在華人公司找工作的框框內。

4.2 加拿大熱門行業

很多同學在選擇課程中，其中一個最重要的考慮因素是在畢業後的就業機會。在這部分，我們會提供一些有關於加拿大熱門職業的資訊。讓大家在選擇課程上，有更多的資料參考。

在選擇課程的時候，大家可以參考課程的 Career Outlook，了解在畢業後，大約可以投身的職業，以定斷該課程是否合適自己。公立學院的特色是為投身工作而設立課程，會提供各類型的就業研討會，大量工作崗位供同學申請，亦會提供 Co-op 或實習的機會，讓同學可以在畢業前擁有加拿大的工作經驗，以增加畢業後尋找工作的機會。

第一，行政助理（Administrative Assistant）

當中包括秘書，行政人員等工種，工作環境較舒適的白領工作。如大家希望投身這行業，可以報讀 Hospitality and Tourism Administration、Office Administration- Executive、Office Administration General、Office Administration Health Service 及 Office Administration Legal 等。

第二，客戶服務代表（Customer service representative）

當中包括電話中心（Call Center），Account Management 及文員等。不同的 Diploma 或 Post Graduate 課程亦可有助大家投身這行業，例如 Marketing、Supply Chain and Operation、Corporate Account Management、Logistics、Global Business Management、International Business、Strategic Management 等。這些課程亦有助晉升至管理層的級別。

第三，銷售人員（Sales Associate）

這是加拿大最渴市的職業之一，不論是車行銷售或零售，不同的銷售顧問，或電子產品的銷售人員，市場上均有很大的需求。希望投身這行業，可以報讀一些商業有關的課程。例如 Leadership and Management、Marketing 等課程，在擁有一定程度的工作經驗後，均有機會投身管理層的級別。

第四，司機 （Driver）

這是指貨車司機（Truck Driver）及 Moving-van Driver 等職業。要投身這行業，選讀的課程並不太重要。相反，只要考取相關的牌照，以及有基本修理車輛的技巧則可。有些多同學會修讀 Auto Body Repair Technician、Automotive Motive Power Technician 或 Automotive Service Technician 等。即使在畢業後不希望投身駕駛貨車相關的行業，亦可以擁有一種技能。

第五，Account Payable & Receivable

當中包括會計文員，發票文員等。可以選讀的科程包括 Business Accounting、Strategic Management- Account Specialization 等，有許多擁有商科背景的香港人均會選擇這些課程。會計相關的行業在加拿大十分吃香，原因是加拿大稅務制度繁複，大部份人均會尋找專業人士完成稅務的事宜，亦較難以電腦軟件完全取代人手處理，不論是就讀 Diploma 或 Post Graduate 的課程，均可投身這行業。

第六，註冊護士 （Register Nurse）

國際學生較難投身這行業，因為絕大部份的公立學校只會取錄本地的學生，特別是沒有高中生物和化學學歷背景的人士。部份擁有醫護背景的香港同學，會選擇其他相近的行業課程作入門。可以選擇的課程包括 Office Administration - Health Service，這課程可以在畢業後在藥房或醫院進行一些行政上的工作，如 Health Informatics Technology、Massage Therapy 及 Pharmacy Technician 等。

部份學生的計劃是先投身醫護相關的工作，在取得居留權後，再以本地學生的身份進修自己有興趣的課程，繼而投身相關的職業。這方法不但可以解決國際學生的身份限制，將來課程的費用亦會相對較為合宜。

第七，General Labour

雖然工作相對辛苦但亦深受歡迎，原因是薪金相對可觀。有部份同學會選擇一些可提供技術傍身的課程，這些課程只需要英語水平達標，以及數學有一定的程度，便可獲取錄，包括 Electrical Engineering Technician、Electro- Mechanical Engineering Technician Automation and Robotic、Electronic Engineering Technician、Heating, Refrigeration and Air-conditioning Technician 及 Mechanical Engineering Technician - Design 等。

第八，項目經理（Project Manager）

在香港很多擁有 International Business Administration 或商科背景的人，均是 Project Manager。香港有許多公司均有項目經理的職位，在轉移技能的問題上並不太困難，亦是在加拿大非常熱門的工作之一。同學可以選擇各類型的 Diploma 或 Post Graduate 的課程，包括 Business and Analytics Insight、Project Management 及 Strategic Management 等課程，在擁有加拿大工作經驗後，均可投身項目經理或相關的行業。部份課程亦會幫助學生考取不同類型的牌照，大大增加畢業後的就業選擇。

117

第九，燒焊人員

要投身這個行業，同學可以選擇修讀 Mechanical Technician。要留意的一點，在畢業後或需要考取相關的牌照或擁有一定的實習時數，才可以正式執業。

第十，電子工程師（Electrical Engineer）

Control System Engineer 及 Electrical Distribute Engineer 等職位，薪金十分可觀，大部份需要擁有學士學位。如你擁有相關的背景，可以在加拿大修讀 Electrical Engineering Technician 的課程，再加入當地的工會，從而投身加拿大的市場。

第 11，軟件開發人員（Software Developer）

在加拿大 Web Programmer、Interactive Media Developer 及 E-business Software Developer 等均有大量的需求。同學會選擇修讀電子相關的課程，例如 Artificial Intelligence、Software Engineering Technician/Technology、Game-Programming、Cybersecurity、Mobile Application Development 及 UX Design, Interactive Media Management 等，在畢業後投身資訊科技或軟件開發等的行業。

第 12，跟單員 （Merchandiser）

Merchandiser 亦是一個加拿大有大量需求的工種之一，包括 Buyer 和 Seller 的工作，在香港部份的中小企亦有這職位，如同學有興趣繼續投身此職業，可以選擇修讀 International Business、Supply Chain in Operation 及 Logistics 等課程，在畢業後可以盡快投身這行業。

第 13，會計員 （Accountant）

如果同學擁有 CPA，是可以轉移牌照的。沒有會計背景的同學，亦可以選擇修讀 Business Accounting 的 Diploma。有相關背景的，可修讀 Strategic Management -Account and Specialization 的 Post Graduate 課程，了解加拿大當地的市場，在畢業後均可投身這行業。

第 14，人力資源經理 （Human Resource Manager）

擁有人力資源背景的人士，可以修讀 Human Resource Management 的 Post Graduate 課程。沒有人力資源背景的人士亦可修讀 Diploma 課程。此職業在加拿大亦是十分吃香的。

第 15，財務顧問 （Financial advisor）

Financial Underwriter、Mortgage Broker 以及其他地產或財務有關的顧問，在加拿大亦有很大的需求。同學可以修讀 Financial Service 或 Financial Planning 的課程。

即使你希望入讀的課程並不與以上提及的職業相關，例如 Culinary/Baking、Early Child Education、Hotel, Resort, Restaurant Management、Event Planning 等，亦不用擔心。大家可以在加拿大的求職網站做資料蒐集，便可以了解到加拿大對該行業的需求，從而再選擇課程上有各方面的考慮。

除了加拿大的 15 大熱門職業，在科技的轉變下，亦有許多職業被列為不會被淘汰的職業（Future Proof），同學可以參考以下資料，考慮投身一些在將來亦有市場價值的工種，保持自己的競爭力。

1.) 老師（Teacher）

這是一種較難被科技取代的工作。由於在加拿大要成為註冊老師，需要修讀很多的課程。有許多原先在香港擔任老師或擁有教育背景的人士，會選擇成為幼兒教育的老師，或開辦補習社成為導師，並且修讀 Early Childhood Education 的課程，這些皆是較為容易入行的工種。部份同學畢業後先成為幼教老師，稍後修讀更多的課程，成為註冊老師。

2.) 廚師（Chef）

同學可修讀Culinary Management、Culinary Art 或 Baking Pastry 等課程。香港人的優勢是對西式及中式餐點熟悉，在修讀相關課程後，尋找工作都較為順利。

3.) 市場銷售經理（Marketing Manager）

這行業為執行公司的市場營銷計劃，講求對設計及市場的認識。同學需要了解加拿大的客戶群、客戶的消費模式及市場需求，才可以投身這行業。同學可以修讀Marketing Management 及 Marketing Research 等課程，以了解加拿大不同市場的運作和營銷策略，畢業後則可以投身相關的工作。

4.) 施工經理（Construction Manager）

有許多擁有 Civil Engineering、Building Science 背景的同學，會修讀相關的課程，例如 Construction Project Management、Architecture, Building Science 及 Civil Engineering 等課程，以了解加拿大施工行業與香港的分別，畢業後投身這行業。加拿大未來仍有許多興建房屋或基建的工程，因此這是個不會被淘汰的行業。沒有相關背景的人士，亦可選擇修讀 Construction 的 Diploma 課程，以發展自己將來的事業。

5.) 審計員（Auditor）

審計員及會計師等相關的行業，許多有會計背景的同學亦會投身於此。有相關背景的人士除了要轉移牌照外，部份同學亦會選擇一些會計的課程，以達至符合加拿大 CPA 的標準，及了解加拿大的市場需求。沒有會計背景的同學，亦可選擇會計的 Diploma 課程，在將來發展自己的事業。

6.) 數據科學（Data Scientist）

此行業需要擁有資訊科技背景的人士，有部份人士會直接尋找工作，亦有部份人士修讀一年的 Post Graduate 課程，如 Data Analytics 及 Business Analytics 等課程。Data Scientist 側重於理解統計學，此行業需要同時擁有商科及資訊科技的認知。

7.) 信息安全分析（Information Security Analyst）

這是類似網路安全的訊息分析，主要為如何保護信息安全及個人私隱等工作。同學會修讀 Cybersecurity 及 Information System 的課程，其後在工作中晉陞的機會亦非常多。

8.) 律師（Lawyer）

要成為律師，較難在沒有相關背景下投身這行業，亦需要投放大量的時間去獲得專業資

格。有部份同學會選擇修讀與法律相關的課程，例如 Paralegal 及 Office Administration（Legal）等，有助於法律界尋找工作，從事與法律相關的行業。

9.) 藥劑師（Pharmacist）

在加拿大成為藥劑師通常在大學修讀 Life Science 的課程，再進修相關的學士學位。部份在香港擁有高中理科背景的同學會先修讀 Pharmacy Technician 的課程，希望將來在修讀更多的課程成為執業藥劑師。

心理學家（Psychologist）和牙醫（Dentist）亦是不會被淘汰的行業，但入行的要求較高，需要修讀專業的課程及投放大量的時間去投身此行業。

4.3 加拿大職場文化

1.) 工作模式

自 2020 年三月疫情肆虐開始,很多加拿大公司已經推行在家工作。伴隨著疫情漸漸好轉,雖然很多公司開始讓員工返回辦公室工作,在家工作的工作模式卻逐漸影響了加拿大的職場。有很多公司都讓員工自行選擇是否繼續在家工作,或是一週只需到公司一至兩天。

對於不需要親身上班的工種(通常屬於文職),在家工作的模式不止減少了員工的上下班通勤時間,也令很多公司聘請人才的範圍不受地域性的影響。筆者工作團隊中的同事,一開始全部都是身處大多倫多區,一年半後的今日已經有不少的新同事身處在安省不同地區甚至不同省份。

2.) 工作時間

加拿大人十分注重 Work life balance。朝九晚五是加拿大人的工作態度，但這並不代表在加拿大工作十分輕鬆。雖然筆者上班時偶爾需要加班，但總括來説，筆者覺得比起香港工作時輕鬆很多，也沒有那麼大的壓力。

在工作時間上，加拿大與香港最大的不同就是午餐時間。很多加拿大人的午餐時間都只會花 30 分鐘，而且大多數人都會在工作電腦前一邊吃飯一邊工作，上班族都會自備午餐，縮短午餐時間務求可以儘快完成工作，準時下班。雖然午餐時間較短，加拿大人卻很注重 Coffee Breaks，每日大約一至兩次 15 分鐘左右的 Coffee Breaks，令自己可以稍作休息或趁機與同事聯繫感情。

3.) 工作薪資與待遇

加拿大的薪資種類主要有分時薪與年薪制，工資會兩個星期（月中及月尾）發一次薪水。而僱主會在每次發放工資時在員工的 Gross Salary 扣除以下三種費用：

Canada Pension Plan (CPP)

類似 MPF 的退休保障計劃，僱主與員工都需對 CPP 供款，退休後可以從 CPP 獲取一部分養老金。2022 年度僱員和僱主供款各為總收入的 5.7%（收入供款上限為年薪 CAD 64,900）。

Employment Insurance

這計劃是為合資格而暫時失去工作能力的員工提供生活援助（其中包括失業，產假，病假等）。2022 年度僱員和僱主供款各為總收入 1.58%。（收入供款上限為年薪 CAD 60,300）

Income Taxes

預繳薪資稅，僱主會根據員工年薪金額預估該員工應繳稅金，在每個月的薪資中扣除後，僱主會代付予稅局。

Income Taxes 的扣減比例及計算方法，將於第五章《加拿大稅制概覽》中詳述。

除了薪資以外，在加拿大工作也會有以下待遇：

● 有薪病假 / 產假 / 育嬰假

視申請者的情況，政府通過 Employment Insurance，在不同的時限內為符合資格人士，提供每週最高 CAD 595 或平均薪資的 55% 的資助。就拿筆者來說，自己很幸運的符合資格申請了總共一年的產假與育嬰假（最長可以申請共 18 個月的資助產假與育嬰假），能夠親自看著兒子一天天慢慢長大，對我們一家來說意義非凡。詳情查閱：https://www.canada.ca/en/services/benefits/ei.html

● 額外醫療 / 牙科保險

很多人都知道在加拿大看醫生是不需要收費的，不過加拿大醫藥分家，買藥是需要自行付費的，所以一些公司會為員工提供額外的醫療保險（包括買藥的費用）。此外，加拿大牙醫收費非常昂貴，所以假如有公司提供牙科保險，會是極吸引的福利。不過要留意並非所有公司都會提供這些保險給員工。

● 其他

還有一些會在加拿大會看到的待遇包括 Wellness Program，在職訓練或持續進修資助等等，視乎每家公司的福利而定。

加拿大 VS 香港職場文化

1. 職場上多元種族的團隊

加拿大是一個移民國家，有不同種族的移民，而且加拿大很注重不同族群的權利，各族群間互相尊重。種族歧視／性別歧視／任何形式的歧視是加拿大職場大忌。

如果大家在主流公司上班，職場上都會以英文溝通為主（在一些省份例如 Quebec 則以法語為主要溝通語言）。筆者所屬的工作團隊有很多來自不同國家／背景／種族的同事，老闆與同事都很友善，除了有不同的工作機會，筆者也沒有感覺到由於自己是移民而被歧視。但是無可否認與同事之間相處，會有較明顯的文化差異。不過只要互相尊重，絕對可以找到志趣相投與互相扶持的同事。

2. 加拿大人不愛直接批評

加拿大人的客套不只體現是在生活上，在職場上也一樣。工作久了會發現這裡的上司很少會對下屬提出直接的批評。如果工作上表現不如預期，上司通常會以比較間接的方式把負面的評價告訴下屬。在員工表現評估時，上司會嘉獎員工好的表現，然後間接的提出需要改善的地方。所以如果你的加拿大上司向你提出需要改善的地方，最好認真對待，不然有一天被人「涮掉」也不知道「死因」。

3.Flat Culture - 階級觀念

加拿大的職場相對上沒有很重的階級觀念。不管是剛入職的初級職員／高管，公司都會期待每位同事能主動提出解決方案，並與上司商量是否合適。

這裡上司不會下達鉅細無遺的工作指令，牽著下屬的鼻子走。筆者很幸運，相較以前香港的老闆，在加拿大的上司在很多事都下放決策權，只要員工不偏離項目的整體方針，她都很鼓勵團隊提出並執行解決方案。但筆者也覺得這還得取決於每個上司的工作方式與個性。

第五章
加拿大稅制概覽

身為「萬稅之國」，加拿大的稅制比起香港複雜許多，種類繁多。不管是在加拿大或在世界各地的收入，都需要在加拿大繳稅的。雖然筆者一直都在會計行業打轉，但一開始面對加拿大的稅務也要重新學習。其中大家會接觸比較多的稅項有以下幾種：

5.1 收入延伸到的稅項
(Income Taxes on employment and other income)

每年的 4 月 30 日是報稅的截止日期，倘若需要報稅的你，沒有準時報稅而又欠政府稅款的話，有可能會受到 5% 的罰款。注意：並不是只有加拿大公民或永久居民或身在加拿大才需要報稅，是否需要交加拿大稅取決於你是否是加拿大的「稅務居民」。如果符合以下條件，就會成為加拿大的「稅務居民」：

- 與加拿大有深的「Residential Ties」（例如自己的另一半與直系家人身處加拿大／在加拿大有自己的居所等），

- 抵達加拿大時已決定在加拿大定居，或
- 稅務年度裡在加拿大住了超過 183 天

如果你成為加拿大的稅務居民及擁有以下收入的話，記得每年準時報稅：

- 加拿大就業收入（包括在職人士／自僱收入／Employment Insurance 收益／退休金／老年金）
- 投資收益（包括利息／股息／房地產等）
- 租金收入（包括海外物業）
- 其他收入（佣金／海外收入等）

就業收入稅項

Income Tax

Income Tax 通常是每月薪資扣除金額最多的一項。Income Tax 包括聯邦稅（Federal Tax）和省稅（Provincial Tax），兩項稅率皆採用累進式，即是收入愈高，稅率愈高。聯邦稅計算方式是全國統一，而省稅則每一省計算方式都不同，頗為複雜。計算如下：

【聯邦稅】（2021 年度）

* 應納稅所得額（CAD）	稅率
$1 至 $49,020 的部分	15%
$49,020 至 $98,040 的部分	20.5%
$98,040 至 $151,978 的部分	26%
$151,978 至 $216,511 的部分	29%
$216,511 之後的部分	33%

＊應納稅所得額指納稅人減去各項扣稅項後的總收入

至於省稅，由各省政府釐定，稅率由 4% 至 21%。

假設 Peter 的應納稅所得額為 $60,000，聯邦所得稅：$49,020 X 15%（最低稅級）+（$60,000-$49,020） X 20.5% = $7,353+$2,250.9 = $9,603.9。
省級所得稅（卑思省）：$42,184 X 5.06% +（$60,000-$42,184）X 7.7% =$2,134.51 + $1,371.8 = $3,506.3。
兩者相加，Peter 總的所得稅是 $9,603.9 + $3,506.3 = $13,110.2。

扣稅項目

值得留意的是，加拿大政府在徵稅的同時，也為人民提供不同程度的資助／稅項扣除，主要包括：

- 托兒服務開支（包括 Day Care，聘請保姆，學前班等）
- 學費
- 醫療相關費用 （例如：牙醫等）需按家庭收入
- 慈善捐款
- 專業機構／公會費用
- 其他（首次置業稅收抵免，學生貸款利息等）

除了以上的稅項扣除，政府也推出一些省稅的投資政策：

Registered Education Savings Plan（RESP）

政府為兒童提供的教育儲蓄計劃，父母可以投資到這種戶口為小孩而設的教育儲蓄，除了可以每年得到政府補貼（一生上限總共為 CAD 7,200），所有戶口裡的投資收益（包括利息、股息、投資收益、外匯收益等），在把錢取出前都不需要報稅。通常這筆錢會在孩子讀大學時使用，由於學生一般收入較低，所以會被徵收的稅金也會偏少，從而達到某種程度上的延稅。

Registered Retirement Savings Plan（RRSP）

個人投資退休計劃，每年對 RRSP 供款（註：供款上限為年收入的 18% 或每年政府的法定上最高金額）是可以減少應繳所得稅。而且所有戶口裡的投資收益（包括利息、股息、投資收益、外匯收益等），在把錢取出前都不需要報稅。此計劃是讓退休人士在退休後從戶口中提取存款為生活費，由於退休者收入較低，所以會被徵收的稅金也會較少，從而達到某種程度上的延稅。

Tax Free Savings Account （TFSA）

所有年滿 18 歲的加拿大人，只要有社會保險號碼（SIN）就可以開這類型的戶口。可以在 TFSA 中持有符合條件的投資，如現金、股票、債券、共同基金，並且可以隨時提取帳戶中的供款以及利息、資本收益和股息而無需納稅。每一年，加拿大政府都會確定 TFSA 持有人在當年可以向其供款的最高金額，這個限制被稱為供款限額（Contribution Limit）。供款限額每年都可以累積，如果你未用盡該年份的供款限額，剩餘金額可結轉並添加到未來幾年的供款空間中。

如果想 DIY 報稅，可以通過市面上有一些收費／免費的報稅軟件（例如 Wealthsimple (SimpleTax)、TurboTax、H&R Block Free 及 CloudTax 等）報稅。不過由於每個人的情況不一樣，不太清楚自己是否需要在加拿大報稅／或需要報稅上的幫助，最直接是咨詢專業的加拿大會計師。會計師通常會以稅務的複雜程度收費，例如自僱人士的費用會比打工族來得高。

5.2 增值稅 GST/PST/HST

加拿大主要有三種增值稅 GST/PST/HST。聯邦政府對所有在加拿大購買的商品與服務都需要徵收 5% 的增值稅 Goods & Services Tax（GST）。（一些免稅／零稅率的商品例如食物／日用品／藥物／醫療服務等除外）。每個省份也有不同的增值稅政策與稅率，其中五個省份（Nova Scotia、New Brunswick、Newfoundland and Labador、 Ontario 及 Prince Edward Island） 將 Provincial Sales Tax（PST） 與 GST 結合為 Harmonized Sales Tax （HST）。有些省份（British Columbia、Manitoba、Saskatchewan 及 Quebec 沒 有 HST），只 有 GST&PST／QST（Quebec）。其餘省份（Alberta、Northwest Territories 及 Nunavut & Yukon）只有 GST。因此，有些省份的生活費會因為增值稅率的不同而會較高／低。

值得留意的是，符合條件的家庭收入會在每年收到增值稅的退稅。

加拿大稅制概覽

每個省份的增值稅 (2022 年度) 稅率如下：

Province	Type	PST	GST	HST	Total Tax Rate
Alberta	GST		5%		5%
British Columbia	GST + PST	7%	5%		12%
Manitoba	GST + PST	7%	5%		12%
New Brunswick	HST			15%	15%
Newfoundland and Labrador	HST			15%	15%
Northwest Territories	GST		5%		5%
Nova Scotia	HST			15%	15%
Nunavut	GST		5%		5%
Ontario	HST			13%	13%
Prince Edward Island	HST			15%	15%
Quebec	GST + *QST	*9.975%	5%		14.98%
Saskatchewan	GST + PST	6%	5%		11%
Yukon	GST		5%		5%

Sources:https://www.retailcouncil.org/resources/quick-facts/sales-tax-rates-by-province/

5.3 物業稅 (Property Tax)

如果你已經置業,你就需要每年繳付物業稅,加拿大的每個城市都有不同的 Property Tax Rate,稅率介於 0.5% 到 2.5% 之間,視乎物業的大小而定。

5.4 加拿大退休保障

根據調查顯示，加拿大有 90% 人沒有為日後的理想退休生活的作出計劃。直到 2030 年，加拿大的人均壽命預計男性為 83.9 歲，而女性則為 87.1 歲。在加拿大，打工仔每個月都要繳交養老金計劃的供款。所以很多加拿大人都認為，既然已有退休金制度，因此不需為退休而煩惱。

不過到底在加拿大，理想的退休的生活到底是什麼一回事？這絕對取決於你希望在退休後，能夠每年冬天在較溫暖的地方過冬嗎？你是否希望夏天能夠駕船出海，或冬天北上滑雪嗎？還是你希望晚年能夠到較好的護老院生活呢？

加拿大的政府退休計劃為以下兩種：

Canada Pension Plan （CPP）

如果你和你的僱主於就職期間有為 Canada Pension Plan（CPP）進行供款的話，於 65 歲開始便能開始每月提取 CPP，直到百年歸老為止。2022 年初加拿大國民每月平均可提取約 CAD 779 的 CPP。CPP 可提早到 60 歲提取，或延後至最遲 70 歲開始提取。
Canada Pension Plan 詳情：
https://www.canada.ca/en/services/benefits/publicpensions/cpp/cpp-benefit/amount.html

Old Age Security （OAS）

Old Age Security（OAS）是全政府資助的老年金，並不需要進行供款，合資格的加拿大人可以在 65 歲開始提取。如果你們退休後希望在國外生活又想拿到 OAS，就必須在 65 歲前於加拿大定居超過 20 年；就算希望退休後留在加國生活，也需要在 65 歲前於加拿大定居超過 10 年，才可得到 OAS。

而且，你於加拿大居住時間愈長，65 歲後所得的 OAS 會愈多。反而，如你是四、五十歲後才在加拿大生活的話，OAS 將會按比例減少。2022 年初加拿大國民每月所得的 OAS 最高約為 CAD 648。可押後提取 OAS 的最大年紀為 70 歲。

加拿大退休生活使費統計

根據 2016 年的一項調查，在加拿大退休人士平均每年花費約 CAD 31,332，即每月使費約為 CAD 2,611。

假設在沒有通脹下，在退休後每月能得到 CAD 648 的 OAS 和 CAD 779 的 CPP，一共可每月獲得 CAD 1,427，也即是說，每月另至少需要從儲蓄中提取最少 CAD 1,184 作為額外使費。這只是較為簡樸退休生活的計算方法，與每個人的理想退休生活絕對有一定的差距，而且，這個計算並沒有考慮通脹，所以屆時實質每月退休所需使費可能較高。

因此加拿大政府也推行了很多儲蓄工具，讓人民節省稅項的同時也可以鼓勵大家多為退休做準備，詳情可查閱上一部分有關的儲蓄計劃。

第六章
加拿大移民實戰

6.1 各式簽證要求及使費

由於加拿大是一個移民國家，提供不同的移民渠道，而每種渠道各有不同的簽證種類，申請要求與收費各有不同，其中以下這幾種移民渠道比較多香港人申請：

移民計劃及簽證種類	相關網站
Permanent residence pathways for Hong Kong residents: · Stream A: In- Canada graduates (Study Permit) · Stream B: Canadian Work Experience (Open Work Permit)	https://www.canada.ca/en/immigration-refugees-citizenship/services/immigrate-canada/hong-kong-residents-permanent-residence.html 2021 年加拿大政府新推出的香港人專屬通道，有效期由 1/6/21 至 31/8/26

Express Entry（Confirmation of Permanent Residence）	https://www.canada.ca/en/immigration-refugees-citizenship/services/immigrate-canada/express-entry.html 計分制的移民渠道，適合全世界的高學歷專才移民加拿大。
Family Sponsorship - including spouse, partner, children, parents, grandparents and etc.（Confirmation of Permanent Residence）	https://www.canada.ca/en/immigration-refugees-citizenship/services/immigrate-canada/family-sponsorship.html 申請者需要有身為加拿大公民的家人，以獲得加拿大 PR 的資格。（注意：申請資格會因申請者與贊助人的關係而有所不同，申請者為贊助人的父母 / 祖父母，會比起申請者為另一半 / 子女，獲得資格的難度高許多）
Start-Up Visa（Confirmation of Permanent Residence or Work Permit）	https://www.canada.ca/en/immigration-refugees-citizenship/services/immigrate-canada/start-visa.html 適合企業家申請。申請的企業家都需要通過合資格的推薦人推薦，才可以進行申請。

費用
由於每種移民計劃與收費各有不同的要求， 而收費會每隔一段時間會有所更改，所以詳情請查看 IRCC 官網

當然，除了上述的移民渠道，還有其他的方法可以移民加拿大。可以從以下官網或向合資格的移民顧問詢問詳情。

https://www.canada.ca/en/immigration-refugees-citizenship/services/immigrate-canada.html

6.2 加國置業 / 租屋攻略

移民加拿大，住的問題永遠是大家第一個需要考慮的因素。剛抵達加拿大要先買樓還是租樓呢？我們會在這部分與大家分享在加拿大置業或租屋需要留意事項。

1.) 加拿大置業種類及使費

加拿大的房子種類主要分為 Condo（公寓）、Townhouse（聯排別墅）及 House（獨立屋）。每種房屋種類各不同，選擇哪種房子類型需要考慮什麼因素？

房子價錢與每月管理費：

房屋種類	價錢	管理費
Condo	⑤	⑤⑤⑤*
Townhouse	⑤⑤	⑤⑤ (Freehold Townhouse 不需要管理費)
House	⑤⑤⑤	N/A

* 雖然 Condo 的管理費較高，除了包括 Condo 的設施外，有些管理費
會包括電費／水費／煤氣費等。

除了價錢以外，在加拿大選宅還有以下的考慮：

- 設施，例如保安服務／交通配套／泳池／健身設施／商場。一般來
  說 Condo 的地點交通會較方便，除了有管理處及保安服務，設施配
  套也較完善。
- 房屋空間感／私隱度
- 是否想擁有自家花園或綠化空間，或想要較寬敞的寵物活動空間？
- 是否會經常全家離開加拿大？

	Condo	Town House	House
物業價錢門檻	👍👍👍	👍👍	👍
設施／保安服務	👍👍👍	👍👍	👍
私隱度／空間感	👍	👍👍	👍👍👍
私家花園及 綠化空間	👍	👍👍	👍👍👍
經常全家出國	👍👍👍	👍👍👍	👍

在加拿大買房需要多少錢的首期？

房價 (CAD)	最低首期
$500,000 or less	5% of the purchase price
$500,000 to $999,999	5% of the first $500,000 of the purchase price 10% for the portion of the purchase price above $500,000
$1 million or more	20% of the purchase price

- 以上方法需要提供入息證明（Income Proof）
- 符合條件的首次置業者（通常泛指首次置業而且擁有固定收入的加拿大公民或國民）可以參加政府的 First-Time Home Buyer Incentive，買家只需提供 5% 或 10% 的首期便可置業
- 如你剛來到加拿大，可選擇支付 35% 首期，便可在無 Confirmation of Employment 的情況下購置物業。

除了首期，買房子時也要額外準備以下費用：
- Land Transfer Tax — 取決於房屋價值與所在地區（每個城市的稅收都不同）例如 Alberta、Saskatchewan 和部分的 Nova Scotia 地區不需要付 Land Transfer Tax
- Appraisal fee — 如果買房時向銀行貸款的話就需要付 Appraisal fee，估價師會對房產進行估價
- Home Inspection — 買房時可以聘請專業 Inspector 對房子進行檢測
- Mortgage loan Insurance — 如果首期為 20% 或以下，需硬性購買 mortgage loan insurance
- 律師費
- 產權保險（Title Insurance）
- 家居保險
- 房產稅（年度上繳）
- 搬運費
- 裝修

2.) 加拿大置業流程

在加拿大置業,有可能會出現一個很有趣的「競標過程」(Bidding War)。這個情況在購買樓花(一手樓)一般是不會出現的。但是,如果大家希望購置二手樓宇,而如果賣家設定了一個 Offer Presentation 日期,並於購買過程中出現超過一個潛在買家的話,就有可能會出現 Bidding War。

Bidding War 是否價高者得?

當你從銀行得到 Mortgage Pre-approval,看了大量樓盤,然後找到了心儀的 Dream House,並想提交 Offer 時,才發現原來這樓盤設定了一個 Offer Presentation 日期。這就表示所有有興趣的買家,需要在指定時間前向賣家的地產經紀遞交自己的 Offer。

這時專業的地產經紀其實很重要,因為他們會根據自己的經驗,推算出物業估價並分析最新的房地產動向,提出適當的出價及 Offer 的附加條款建議。那在 Bidding War 需要留意些什麼呢?

出價的重要性

如你預測心儀的房子有可能會有其他買家與你競爭，遞交 Offer 時最重要的當然是你的出價。每一筆買賣的情況，會因每個賣家開價的策略而變得不一樣：我們有見過有些賣家會列出一個比 Market Price 低的價錢，不過最後成交價比賣家出價高出 10%-15%（這是在疫情期間的情況，只供參考）。

所以，如過你開價太低，那賣家應該完全不會考慮你。但是如你出價太高的話，有可能影響你向銀行作貸款時的市場估價值。

除了價錢以外，賣家還會考慮其他的因素，而這些因素可能也會影響你投標時中標的機會。

【Offer 的附加條款】

（i）Financing Condition

買家一般來說會在 Offer 裡附上貸款條款，要求賣家在簽約及交付訂金後，提供 5-10 的工作天不等的寬限期，以便買家得到銀行的 Mortgage Approval。如果買家的貸款得不到銀行的 Approval，賣家需要全數歸還訂金。

（ii）Home Inspection

如果房子屋齡較大的話，買家需聘請專業的 Home Inspector 驗樓，在完全理解房子的真實情況下才完成交易。一般而言，買家會要求賣家在接受 Offer 後，給予約 5 個工作日完成驗樓程序。

(iii) Review Condominium Status Certificate, Financial Statement and Declaration of the property

這條款只適用於有管理費的 Condo/Townhouse，在完成買賣前，買家可以讓律師審視這些文件的條款。主要的目的是可以讓買家了解屋苑的管理公司過往的財務狀況、未來的維修預算，和其他有關 Condo 居住的規則。買家可以從這些文件中，估計該屋苑將來的額外開銷，這些條件會影響未來房屋的增值空間。

如果你對物業的質素有信心，大可以列出較寬鬆的附加條款，贏取賣家好感，增加中標的勝算。

【訂金金額】

在提交 Offer 時買家需要列出訂金金額（一般來說是房子價錢的 5%），不過買家可以支付較高的金額，顯示自己心儀這間房屋，並有能力負擔這房子。如果是在有很多 Offer 的情況下，有些買家甚至會預備好可隨時兌現的銀行匯票（Bank Draft）以顯示自己的誠意。不論支付的訂金為多少，這筆錢是會被賣家律師暫時保管，賣家是不能夠在完成交易前拿到這筆訂金。

【完成交易日 （Closing Date）】

賣家通常會告訴買家指定交易完成日（把房屋交給買家的日子），買家如果想增加自己 Offer 的競爭性，可以透過經紀向賣家的經紀了解賣家未來的住宿安排。例如，對方是否已經找到地方搬家？賣家到底希望有較長或是較短的 Closing Date ？在能力所及之下，如果你能給予賣家一些彈性安排，也有可能會令你的 Offer 更加有吸引力。

【了解賣家背景】

在提交 Offer 前，買家也可以了解一下賣家的背景（例如族裔，年齡等等），從而推敲到底這單買賣是否有兩輪（One-Shot Offers Vs. Send-Back-to-Improve）的出價機會。雖然一般的交易都會有兩輪出價的機會，但是也會有些賣家只給買家一次出價機會。了解之後，就可以完善自己 Offer 的內容。

如果你心儀的房子受歡迎的話，你在提交 Offer 前可能只有一兩日甚至幾個小時去考慮。所以，有一個值得信賴的地產經紀，能在這時為你提供實用的建議，絕對會大大增加你贏取 Bidding 的機會。

3.) 加拿大租屋攻略

很多剛抵加人士都會選擇租房子，主要是想了解加拿大的實際情況，也想看清楚哪個地點比較適合自己長期居住。租客在找房子時通常會考慮些什麼呢？

- 房子種類是否適合自己與家人（Condo/Townhouse/House/Basement Apartment/ Room）
- 租金
- 房子是否包括傢俬
- 設施（例如保安服務／交通配套／泳池／健身設施／商場／停車場）
- 安全性

而加拿大屋主除了考量租金金額,在出租房子時或許對租客提出以下問題以了解租客背景:

- 工作背景與收入資料
- 房子將有多少人居住,會否和其他人夾租
- 出租者是否吸菸 / 養寵物
- 租客的信貸調查(Credit Check)
- 提供之前屋主的推薦信

由於有很多初來報到的移民沒有信貸紀錄或工作證明,在第一次找房子會比較困難。而有些熱門的月份,租盤更是供不應求(通常 7-9 月份開學期間),所以在租房子的過程中與買房子一樣需要 Bidding,也需要提高租金金額或租客自願預繳半年至一年租金,才可能租到心儀的房子。

成功租到心儀的房子後,通常會做些什麼?

- 簽訂租約(註:租約上除了列明租金,也包括租期、每月租金到期日、訂金安排、預繳租金條款、屋主與租客責任、退租安排、什麼情況下可以終止租約、禁止事項及每年租金加幅等)
- 轉水電
- 買租客保險
- 準備搬入新居(如果你租的是 Condo 的話,有可能在搬運過程中需要屋主的協助,提前預約特定的搬運升降機)
- 在租房子前,大家也應參考所在省份的租客權利

加拿大找房子渠道

加拿大有很多不同的網站可以看到最新的房地產出售／出租信息，其中
包括：

· **https://www.realtor.ca/en**

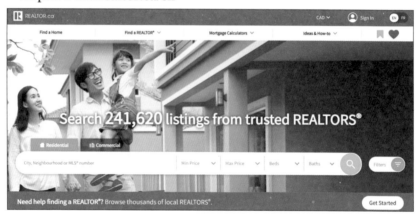

· **https://www.zoocasa.com/**

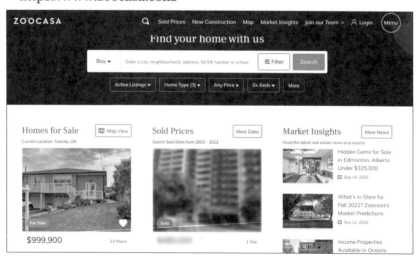

加拿大移民實戰

- https://www.zillow.com/z/canada/canada-homes/

- https://Condos.ca/

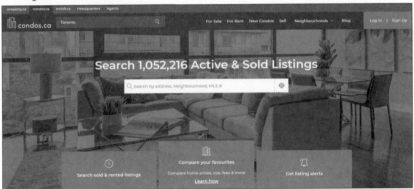

- https://house.51.ca/

· https://www.kijiji.ca/b-real-estate/

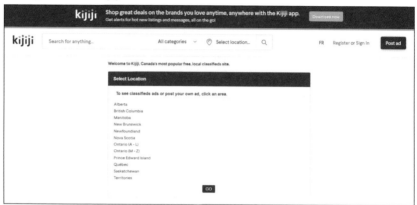

由於這些網站並不會第一時間更新，有時在這網站上看到心儀的房子有可能已經賣／租出去了。所以最直接的方法，是找專業地產經紀幫助你。買家與租客都不需付佣金，賣家／屋主才需要付佣金給地產代理。

6.3 衣食住行注意事項

1.) 氣候與衣著

加拿大是一個四季分明的國家，不過卻因刺骨的冬天而惡名遠播。
很多人都以為，在加拿大每天不是穿 Canadx Gxxse、Nxrthfaxe 便是
Colxmbix。其實，加拿大人最愛買的是輕而薄的風褸，背心以及短袖衫，
每一天都期盼著夏天的來臨。所以說，衣著與天氣息息相關。

春天（三月中 - 六月中）

加拿大的春天，溫度逐漸升至攝氏 10-20 度，你會開始看見很多人已經在穿短袖衫。不過三四月時還是偏冷，有時還會下一兩場雪。白天與夜晚溫差較大，也是流感季節，所以每次出門前都需要先檢查一下天氣。

這裡的春天百花爭豔，從發現身邊很多都到櫻花林中打卡，母親節時人手一束鬱金香，屋外的草地開始長了一堆蒲公英，綠葉也漸漸在植物上生出來。這時可以看到很多超市的 Garden Centre 開始營業，很多人也開始在花園種花樹。如果想體驗自家農產品可以在春天開始播種，秋天來臨時就有新鮮的蔬果大飽口福。

夏天（六月中 - 九月中）

夏天的時候，你會發現在公園會有很多人躺在草地上曬起太陽來。此外，夏天還有很多戶外的派對，例如 Rib Festival （就是很多獲獎的美食車會停在一個很大的草地上，然後人們就開始排隊，大家不妨試一試不同的得獎排骨。）。夏天的時候，有時溫度可以達到 30 多度，除了穿清涼的短衣褲，每個週末亦可以去游泳池、海灘或湖邊感受一下涼風，非常舒服。

秋天（九月中 - 十二月中）

九月開始，天氣便會開始涼起來。那時大約 10 多度左右，是看楓葉的好日子，也是很多朋友喜歡去郊遊的好日子。秋天的時候，簡單的風褸、長褲就足夠保護自己。如果你怕突如其來的強風，準備一件大衣放在車上面應該足夠。而在春天播種的瓜果，也會在秋天開始豐收。本地人會把多餘的瓜果做成果醬 / 製成罐頭，也有些農產品可以儲存過冬。

冬天（十二月中 - 三月中）

一般來說十二月初應該會迎來象徵冬天的初雪。到了十二月的時候，溫度隨時可能下降到幾度或零下幾度。通常一、二月是最辛苦的時候，大家經常聽到的零下幾十度是會發生的，運氣不好的時候還會遇到 Snow Storm。天氣報告可能告訴你，氣溫是零下幾度，但由於風速等因素，體感溫度可以低至零下幾十度。如有朋友是在 PEI 或 Alberta 等更冷的地方，更加需要好好保暖。

Snow Storm 是指下雪特別大的日子，也是說有可能是不用上班或上學的日子。由於現在的地球極端天氣更趨嚴重，要到三、四月才會回暖起來了。這時候一件可以擋風與高質量的羽絨服很重要（尤其是需要乘搭交通工具上班／上學的朋友）。冬天時也可以準備以下的穿著：

- Super Warm/Heat Tech 內衣／打底褲
- 高密度圍巾
- 耳罩
- 長褲（牛仔褲／雪褲）
- 厚襪子
- 雪靴 （很重要，雪靴有防滑鞋底才能應付雪天路滑）

這些冬天的衣著如非必要，可以在加拿大添置。買這些冬天的衣著時可以到 outlet 選購，不僅選擇多，也有不少的折扣。

天氣乾燥

根據不同省份／所在的位置，有些地方冬天只有 3 個月，而有些地方冬天可長達 10 個月。不止天氣冷，也很乾燥。在加拿大護膚並不是可有可無，除了保護皮膚，以免流失過多水分，也可以預防一些不必要的皮膚問題（例如皮膚龜裂／濕疹問題）。大家可以嘗試一些本地品牌，有很多效果與價錢的性價比也不錯，不會比泡菜國的護膚品差。

2.) 飲食篇

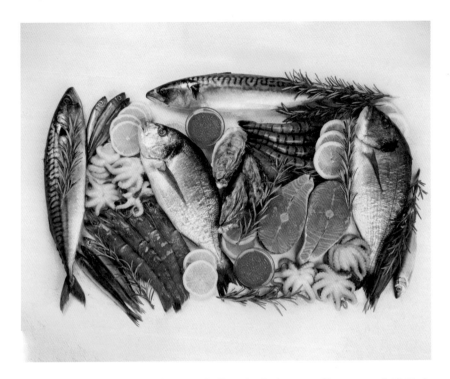

加拿大的農產業發達，在 2020 年佔了加拿大 GDP 的 3.8%。由於地大物廣，四季分明，每個季度都有當季的蔬果 / 海鮮，秋夏時候有很多盛產的蔬果（例如：玉米 / 翠玉瓜 / 南瓜 / 車厘子 / 草莓等），每年不同月份也可以嚐到加拿大東西岸的海鮮（例如龍蝦 / 溫哥華蟹 / 海膽 / 斑點蝦等），絕對令喜好海鮮的朋友食指大動。

移加多年，十分慶幸可以嚐到這裡新鮮的食材。到目前為止，自己需要的食材都可以在這裡找到。除了新鮮海鮮肉類，也可以享用當季蔬果，冬天時也會在超市看見新鮮的蔬果（通常從美國 / 南美洲入口）。當然，冬日裡的新鮮蔬果會比夏天的當季瓜果貴。與在香港不同，在加拿大吃

163

到的很多是冷凍蔬果。這裡的冷凍蔬果選擇多，價錢較便宜。而且有很多研究都顯示，由於現代冷凍技術先進，幾乎可以保留所有水果和蔬菜的美味與營養。同時，冷凍蔬果一般來說會在蔬果生長過程中新鮮度和營養成分最頂峰時進行採摘，所以比青嫩可能及不上新鮮蔬果，但營養及味道絕不遜色。

採購食材渠道

煮飯是生活日常的一部分，由於在餐廳吃飯／吃外賣比較昂貴（普通的一餐每人最少 CAD 10-12），自己煮的話相對較便宜也會較健康，所以在這裡會發現很多人家裡會有很大的冰箱，甚至多過一個冰箱儲存食材。這裡也有很多不同的超市／渠道可以採購新鮮食材，例如：

i. 傳統超市
（Walmart、Metro、Food Basic、Superstore, Sobeys、Loblaws 等）

在這裡的傳統超市可以買到從食材到日用品的生活所需。加拿大人每週 Groceries Shopping 前都會查看不同超市的 Flyer（宣傳單張），查看不同超市的優惠商品。（可以通過 Flipp 手機程式看到不同商戶的宣傳）。

這裡有很多不同的傳統超市，主要針對不同的客戶群體，價格不同之餘，產品種類也會針對每種客戶群體而有所不同。值得留意的是這裡有些傳統超市有 Price Match，例如同一個牌子番茄醬，如果你在 A 超市的每週 Flyer 上看見正在大減價，可是你又剛好在 B 超市採買，那你可以向 B 超市的客戶服務顯示 A 超市的優惠價格，如果 B 超市有 Price Match 的話，你就可以在 B 超市享受 A 超市的優惠價，這是其中一個加拿大人的省錢方式。

在眾多傳統超市中，Loblaws 算是規模較大的集團，他們的業務包括 Real Canadian Superstore、Independent、Shoppers drug Mart，連加拿大最大型連鎖亞洲超市 T&T 亦是 Loblaws 其下的商店。日常用品包括小型傢俬、化妝品、新鮮蔬果肉類及海鮮、新鮮麵包及蛋糕，以至藥物都一應俱全。經常到訪者可申請 PC optimum card，在購買的同時賺取積分，積分更可作現金使用。

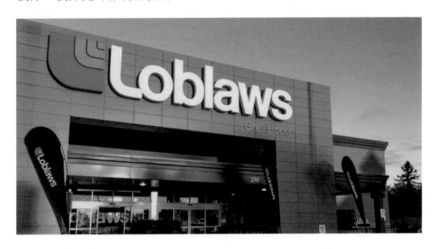

ii. 批發超市

相信大家對 Costco 這個名字絕不陌生，與其說這是一間超市，不如說是一間百貨。除了食材，這裡連大小型家電、手機、遊戲機、燒烤爐、門鎖、牛仔褲、運動器材等都應有盡有。Costco 採取會員制，只有會員才可以在那裡消費。Costco 基本年費是 CAD 60 一年，如果估計自己一家在 Costco 的消費可以到達一年 CAD 3,000 以上，可以考慮購買 CAD 120 的行政會員會籍，因為可以享有 2% 的回贈與其他特別的優惠。

雖然 Costco 需要付會員費，但售賣的東西比一般超市性價比高，因為他們主要是做批發，份量特別大。很多開餐廳的人都會來入貨，一車一車地運走。而且在 Costco 不時會提供特別現金優惠券，而且產品有長達兩年的保養，十分經濟實惠。當然如果是隻身來到加拿大或只是二人家庭，Costco 的份量有可能不太適合你。

除了 Costco，Walmart 這來自美國的跨國零售企業，亦提供價錢較相宜的電器、家品、藥物、及新鮮或冷藏食品售賣。Walmart 的自家品牌為 Great Value，涵蓋產品包括日常生活用品、營養補充品及食品等，價格較其他牌子便宜。

Walmart 以外，當然不少得另一零售巨無霸 Home Depot。這間連鎖家居裝修零售店，貨品包括各類型的工具、木材、電器等產品。加拿大人喜歡 DIY，他們會到 Home Depot 購買各類型的材料，自己製作各類型的家具，如桌子，書櫃等。

iii. 亞洲人超市

其實沒有一間超市的名字叫亞洲人超市。但是，加拿大的亞洲人超市實在太多了，非常方便。大家絕對不會感到思鄉，想要的東西基本上都可以很容易地找到，而且很多來自香港、台灣、馬來西亞等的食材。除了傳統的唐人超市以外，還有很多華人、越南人、韓國人甚至是中東人開的超市。這邊超市貨品的多樣化是香港沒法相比的，例如台灣杯麵都有許多種、印度咖哩多到不懂如何入手、越南河粉原來大有學問、中國傳統新鮮麵條亦勁多選擇（還要是 Made in Canada），打邊爐湯底款式應有盡有等等……

不過亞洲人超市的食材絕對比起在亞洲購買貴得多，只要在這裡的日子久了，就不會拿香港與加拿大的亞洲食材價格作比較了。

T&T 是加拿大最大的亞洲人超市，成立於 1993 年，全國現時有 28 間分店。

iv.Farmers Market

這裡每年的五月至十月，很多地方都會有 Farmers Market。顧名思義，這是一個提供本地農民銷售自己農作物的市集（通常會找到新鮮瓜果、醃製品、新鮮烘焙的麵包、奶酪等等），不過現在也有一些經銷商會在那裡擺攤。與傳統街市不同的是，大多數的 Farmers Market 只有在特定時段開放，通常一星期會開一次左右，而且每個市集的大小不一。各 Farmers Market 的地點、開放時間、不同地方有不同的安排。不過很多加拿大人都喜歡把 Farmers Market 當成下班後覓食或是週末與家人親子活動的好去處。

v. 網購

在加拿大住了一段時間，會發現這裡有很多農場直送／團購渠道。筆者有時會通過網上採購有機肉類／雞蛋／新鮮海鮮。如果買到足夠金額，會有免費送貨服務。就算這些肉類大多數是冷凍的，但並不會影響味道與口感。而且加拿大最近幾年也開始流行一些 Meal Kit Delivery / Meat Subscription 的公司，把食材妥善處理，煮熟即吃，尤其幫助生活忙碌的人減少 Grocery Shopping 的時間，同時又可以在家烹飪健康美味的食物給家人。

網購平台，首選當然是 Amazon。平台所提供的貨品包羅萬有，小至廚具、衣服，大至床褥、書櫃都可找到。如果成為 Amazon prime 會員，更可享有免費送貨的服務。Amazon 亦有提供音樂、電影，及電子書等產品。在特別的日子如 Boxing day, Thanksgiving 等，會額外提供優惠以吸引消費。Amazon 更設有 Amazon prime day，為 Amazon prime 會員提供尊享優惠。

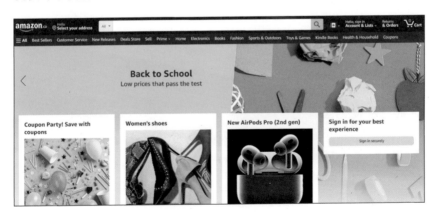

至於 Wayfair，則提供大型傢具、床褥、櫃、餐枱或室外傢俬等。特點是網上訂購的家品能送到家門前，讓整個購物過程非常簡單直接和方便。

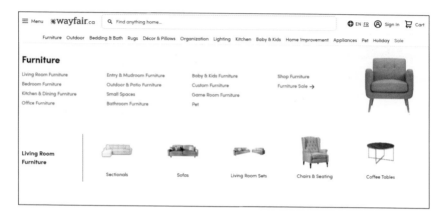

Instacart 則是一個協助你到超市採購貨品，再送到家中的平台。只要選擇平台內所提供超市或商店，選擇所需的用品，便會有專人代購你所選的商品，再送到家中。

Dining Culture

由於加拿大是一個移民國家，除了西餐，也可以在這裡找到不同的餐廳，而且味道也很地道。視乎居住地點而定，如果是一些大城市，很容易就可以找到地道的亞洲美食（例如港式酒樓／四川麻辣火鍋／上海菜，以至日本餐，韓國餐，泰國菜，越南菜，星馬菜等）、法國菜、中東美食及南美洲餐廳等。值得留意的是在餐廳吃飯一般來説都要付約 12-15% 的小費，有些高級的餐廳須付會 18% 以上（外賣除外），所以説外食會比較昂貴。有些特別的日子想選擇一家好的餐廳外出用餐時，可以通過 Yelp／Google Map 來查看附近餐廳的評分。

3.) 家居篇

離開香港前幾年，筆者兩夫婦住在西貢的村屋，而在加拿大，我們住 Townhouse。住屋除了面積大，每月供款比香港便宜之外，還有什麼不同的地方？

居住空間感

香港的房子注重實用性，有種麻雀雖小五臟俱全的感覺。我們當時選村屋主要原因是由於同樣價錢在市區只能租或買到較小的單位，村屋相對上較寬敞以及價錢較合宜，而且間隔四方蠻實用的。不過，比起加拿大，這裡房子空間感較好，就例如同樣是 700 呎的 Condo，香港已經是 3 房單位，而這裡可能只有 1 房單位。這裡睡房間隔比較寬敞，最少可以放得下一張 Queen Size 床，有一個入牆衣櫃，然後也可以根據需要添置五桶櫃／電視櫃／書桌。

除了睡房，這裡的廚房就算容納兩個人或以上一起準備食物也不會有壓迫感。而且，每種家電小工具（例如咖啡機、烤麵包機、攪拌機、飯鍋、氣炸鍋等等）都有屬於自己的地方，不需要收納到櫥櫃裡面，用起來非常方便就手。

清潔 / 做家務

舒適的居住環境與家居清潔息息相關。這點在香港比較簡單，因為在香港尋找幫手（鐘點 / 聘請工人姐姐）不會太困難，而且就算親自做家務，由於房子不是很大的關係，一週打掃所需的時間也不多。

在加拿大，家務都是自己來，從打掃、洗碗、整理等等，每週筆者都需要安排較多的時間做家居清潔，幸好一些廚房家電的發明，能夠減輕家務重擔。例如以前在香港懶得洗碗就選擇出外用膳，在家裡煮的話，便需要絞盡腦汁如何減少碗碟的使用，因為廚房沒有地方晾乾那麼多碗碟。在加拿大筆者因為擁有了洗碗碟機，從而增加了自己下廚的次數，也把洗碗變成一件不太麻煩的事。

垃圾分類

在加拿大需要有計畫地處理自己的垃圾,住在 Condo,Townhouse 或 House 的處理方式都不同。學習及實踐垃圾分類是公民責任的一部分,例如在多倫多市:

- 綠色的桶裝放廚餘 / 可以堆肥和分解的垃圾;
- 藍色的桶放可循環的垃圾,例如玻璃、紙皮、金屬製品等;
- 一般垃圾(不屬於綠色 / 藍色桶 / 其他垃圾);以及
- 其他垃圾包括家居醫用垃圾、舊電器等。

由於這裡的垃圾處理是屬於市政府的管轄範圍,而市政府只在特定時間裡回收某種垃圾。倘若你打算住 House 的話,就必須先查看你居住的地區的垃圾收集時間表。如果沒有做好垃圾分類,市政府是不會收走你的垃圾的。

二手市場的蓬勃

加拿大的網上二手市場十分蓬勃，其中二手網站包括 Kijiji 或 Facebook Marketplace，絕對可以轉售一些沒用了的東西。有時你眼中的垃圾可能是別人眼中的寶貝。除了網站，這裡也有不少實體二手市場，如 Value Village /Antique Market 等，幸運的話還可以在裡面淘到寶。

冬季家居保養 / 鏟雪

如果你平日需開車上班，且住在獨立屋的話，在冬季每日上班前需預留時間鏟雪，這也是為何很多加拿大人不選擇住獨立屋的原因。根據你的居所類型，入冬之前需做好適當的家居保養，包括：

1. 清潔排水溝和落水管
2. 檢查你的屋頂
3. 避免把排水軟管放在室外
4. 室外燃氣工具儲存室內前，應檢查清楚是否已把燃氣排走
5. 入冬前檢查火爐是否能正常運作
6. 入秋時為草坪施肥，確保過冬後草坪把回復翠綠
7. 入冬前先行清潔屋外的陽台
8. 移除庭院家具，並將它們放在車庫或其他封閉空間過冬
9. 斷開空調機組的電源，以防止其在冬季啟動並損壞
10. 維護你的壁爐和煙囪
11. 檢查室內煙霧和二氧化碳探測器
12. 檢查窗戶的擋風雨條
13. 清潔你的燒烤架
14. 檢查閣樓空氣流通
15. 排出游泳池池水並放置上蓋
16. 準備你的清雪機

冬季活動

對於都市人來說，冬天裡最舒服的就是窩在室內活動。然而，在加拿大的冬天，其實也可以趁機體驗不同動靜皆宜的冬季活動例如：滑雪、冰釣、Dog Sledding 狗拉雪橇、觀賞極光及冬季嘉年華等等……

4.) 出行篇

Leasing（租車）Vs Finance（買車）

開車在加拿大是一個必要技能，是不可或缺的代步工具。在選擇 Leasing（租車）還是 Finance（買車）時，你可以問自己到底什麼才適合自己。

何謂 Leasing Car？

Leasing Car 與向一般租車公司如 Avis 或 Hertz 租車（Car Rental）不同，前者除了租車的時間通常以年為單位，更可以選擇先租後買，即是用家租用同一車子數年後，可向車會要求買斷該車。車價會是該車的剩餘價值 (30%-45%) 加銷售稅。當然用家亦可把車歸還，再行租用另一輛汽車。至於 Finance Car 即是傳統分期付款購車，供款完成後便會百分百擁有該車。

選擇租或買車，有以下問題須要考慮：

Q1. 你現在心儀的車是否你的 Dream Car 嗎？你是否希望能擁同一型號、同一款式一段很長的時間？

注意事項：就算答案是【YES】，也不一定代表你需要買車，因為就算選擇租車，你仍可以有幾年時間作考慮，到還車期時才決定是否把車買斷。

Q2. 你是否剛來加拿大？是否已經建立了一定的 Credit History 以及有良好的 Credit Score?

注意事項：如果你是剛來加拿大的話，而且沒有一段較長的信貸記錄的話，銀行或貸款公司可能會拒絕你的借貸。另一個選擇是你可以找一個有較長 Credit History 和良好 Credit Score 的朋友或親人為 Co-signer，或許可以解決問題。

Q3. 未來幾年私家車設計或會有大躍進，你是否希望能夠與時並進，享受最好的汽車科技？

注意事項：汽車是消耗品，如果你選擇不斷租車的話，變相需要不停付車租，但你可每隔幾年便可享受一次最新潮的車款和科技。然而，如果你是選擇買車的話，一段時間後你就可以把車供斷，不需每月花大量的金錢在車上。

大家在下決定是否租車之前，必須知道租車的特質：

- 租車的主要市場為新車市場，買家通常選擇租車的年期與新車的保養年期相約，例如 3-4 年，待 Lease Term 一過，就可以把二手車還給車廠，以免卻將來汽車舊了需要維修的麻煩。
- 租車有行車公里使用限制，例如每年 16,000 km、20,000 km 等等。但實質使用量是以整個租車年期計算，即是說，如果你租車年期為 4 年，每年限 16,000 km 的話，只要在歸還車輛時不要駕駛超過 64,000 公里就可以，否則，罰款將會是以額外每公里計算。
- 租車的年利率一般比買車為高，在年尾很多車會會提供 0% Financing Program，為求儘快銷售舊款車。
- 很多車會的租車條款都可讓你選擇 AutoGuard Service。一般是指就算你多年後還車時 A) 車身外圍 B) 車廂 C) 車胎車輪 等等有表面上的刮花和傷痕，都無需要額外繳交維修費用。
- 在租車年期結束時，車主通常可選擇把車買斷，或把車還給車會，更換一輛全新的。
- 租車後，車主仍然需要另行購買雪胎和安排其他日常車子打理的花費，當然你可以和車行商討，例如把免費更換雪胎、免費換機油等等選項放進你的合約為一併計算。另外，還需要自行安排汽車保險。值得留意的是，車保和房屋保險一同購買的話，通常會有特別優惠。

冬天開車

在加拿大冬天開車有很多考量，例如如何在入冬前準備自己的汽車等，加拿大政府也在以下網站列出了有關 Winter Driving 的 10 個安全貼士：

1. 在入秋時要為車輛在冬季行駛做好準備
2. 安裝四個合適的冬季輪胎
3. 車內準備好急救包
4. 在需要之前練習好冬季駕駛技巧
5. 計劃你的旅行：檢查道路和天氣狀況
6. 每次旅行前清除車輛上的所有積雪
7. 在惡劣天氣下給自己預留額外行車時間
8. 避免在濕滑路面上使用巡航定速 （Cruise control）
9. 帶著充滿電的手機旅行
10. 減慢速度並繫好安全帶

此外，加拿大每個地區的省政府都有不同的冬天駕駛規範，包括是否需要換雪胎 （冬季輪胎） 等。如果你是初抵加拿大的新手司機，入冬前需要做好準備，以確保個人及家人安全。

公共交通工具

在加拿大如果不開車，當然還是可以選擇交通工具。不過每個城市的公共交通各有不同，以筆者身在的多倫多為例，主要的公交網絡是 TTC。TTC 全名 Toronto Transit Commission，是多倫多市的公共交通支柱，會以巴士（Bus）、地下鐵（Subway）、路面電車（Streetcar）及輕鐵（Light train）形式，提供公共運輸服務。

基本收費

（小童）12 歲以下免費

（成人）單程現金 CAD 3.25，如以 Presto 卡支付，每程 CAD 3.2，
基本月票是 CAD 143

TTC 尚有其他收費計劃，詳情請到 ttc.ca/fares-and-passes 細閱

Presto Card

Presto Card：類似香港的八達通，但功能上只用於公共交通，不能用於日常購物。空卡 CAD 6，需另外增值才可使用。可於所有 TTC 系統如巴士（Bus）、地下鐵（Subway）、路面電車（Streetcar）及輕鐵（Light train）使用。

購買方式	官網 (prestocard.ca)
	多倫多市各個 Shoppers Drug Mart
	TTC 客戶服務中心
	地鐵站售票機 (Fare Vending Machine)
使用方法	巴士及路面電車：上車拍卡，到目的地時下車即可
	地下鐵及輕鐵：入閘拍卡，出閘時不用拍卡
轉乘優惠	用 Presto Card 於感應器上第一次拍卡起，兩小時內轉乘其他 TTC 交通工具是不會額外收費
增值	可於 TTC 站的售票站機進行增值，又或是利用 Presto Card 的官方 app 進行線上增值

查詢公共交通應用程式

在香港,我們可用港鐵 / 九巴應用程式去查詢巴士到站時間。在多倫多市,我們也有類似的應用程式在查詢公共交通工具的到站時間,其中比較多人用的有 Transit、Triplinx、Rocketman 及 Moovit。

《加拿大升學移民實戰》

作者：The Maple Couple
出版經理：馮家偉
執行編輯：Gary
美術設計：Windy
出版：經緯文化出版有限公司
地址：觀塘開源道 55 號開聯工業中心 A 座 8 樓 25 室
電話：852-5116-9640
傳真：852-3020-9564
電子郵件：iglobe.book@gmail.com
網站：www.iglobe.hk

港澳發行：聯合新零售 (香港) 有限公司
電話：852-2963-5300

台灣地區發行：大風文創股份有限公司
電話：886-2-2218-0701

國際書號：978-988-76581-2-2
初版日期：2022 年 10 月
定價：港幣 148 元 台幣 539 元

iGLOBE PUBLISHING LTD.
Rm25, 8/F, Blk A, Hoi Luen Industrial Ctr., 55 Hoi Yuen Rd., Kwun Tong, KLN

免責聲明
本書資訊更新至 2022 年 9 月 30 日止。
本書之作者與出版社已盡最大努力，確保本書所有之內容無誤。在根據本書的內容採取或避免採取任何行動之前，您必須獲得專業人士或專家的建議。
惟若本書內容之錯誤而導致任何損失，本書作者與出版社將不負上任何責任。